TOP 50
UMBAUTEN

Thomas Drexel

TOP 50 UMBAUTEN

SANIEREN, MODERNISIEREN, ERWEITERN

Deutsche Verlags-Anstalt

INHALT

STADTHÄUSER/DENKMÄLER

LOFTS/UMNUTZUNG

BAUERNHÄUSER

ANHANG

WERTVOLLE ANREGUNGEN

50 vorbildhafte Beispiele für Umbauten, Sanierungen und Erweiterungen in Deutschland, Österreich und der Schweiz

Manches Mal erwerben Bauherren ein Haus, weil sie sich spontan verliebt haben, und sanieren es dann trotz mancher Anstrengungen und Schwierigkeiten mit großem Erfolg. Teils ist der erste Reflex beim Erwerb eines bebauten Grundstücks aber auch, einen Ersatzbau zu schaffen, und der Entschluss zum Umbau reift erst mit der Zeit. Dies gelingt umso besser mit vorbildlichen Projekten, die dieses Buch in vielerlei Hinsicht bietet. Zahlreiche vorbildhafte, von hoch kompetenten Architekten geplante und betreute Beispiele zeigen, dass auch und gerade unter Erhalt der alten Bausubstanz wunderbare und kreative Lösungen für hochwertiges Wohnen geschaffen werden können.

Denn auch wenn jedes Umbauprojekt etwas anders geartet ist und eine spezifische Herangehensweise erfordert, so können doch zum eigenen Fall passende Vorbilder den Prozess der Umbau- und Sanierungsplanung deutlich vereinfachen. Dieses Werk vereinigt fünfzig gestalterisch und funktional herausragende Beispiele für außergewöhnliches individuelles Wohnen, vom typischen Einfamilienhaus des 20. Jahrhunderts, dem Siedlerhaus, Reihen- beziehungsweise Doppelhaus und dem Bungalow über das innerorts gelegene Altstadt- oder Dorfhaus, das Bauernhaus bis hin zum umgenutzten früheren Gewerbebetrieb. Die Umbau-, Erweiterungs- und Sanierungskonzepte haben ihre Schauplätze in vielen unterschiedlichen Regionen Deutschlands, Österreichs und der Schweiz und sind sowohl bautypologisch als auch hinsichtlich der gestellten Aufgaben höchst unterschiedlich geartet. Neben Sanierungen mit nur wenigen Veränderungsmaßnahmen stehen Komplettumbauten mit oder ohne Erweiterungen, teils mit Aufstockungen, es werden aber auch reine Anbaulösungen ohne größere Bestandseingriffe vorgestellt.

Die planerische Herangehensweise bei jedem einzelnen Haus, jeweils aus intensiven Gesprächen und Abstimmungen zwischen Architekten, Bauherren und beteiligten Stellen entwickelt, wird im Buch ebenso dargestellt wie die zu bewältigenden Schwierigkeiten, die dafür gewählten funktionalen und bautechnischen Lösungen und die spezifischen Qualitäten des jeweiligen Projekts. Anhand eines prägnanten, leicht verständlichen und inhaltlich tief gehenden Textes, hochwertiger Fotografien und aussagekräftiger Pläne entstehen stimmige Gesamtbilder, die für viele andere Umbauvorhaben gleichsam als Blaupausen dienen können.

Wie tief greifend im Einzelfall in die bestehende bauliche Substanz eingegriffen wird, muss immer vom Charakter des Gebäudes und den vorgefundenen Wertigkeiten abhängig gemacht werden. Grundsätzlich gilt, dass Denkmäler, aber auch sonstige wertvolle Bausubstanz zunächst immer erhaltenswert sind. Ihr hoher Wert ergibt sich nicht zuletzt aus der unvergleichlichen Atmosphäre, gleichsam dem Geist der Jahrhunderte, der solchen Gebäuden innewohnt und das Wohnen darin zu etwas ganz Besonderem macht. Solche positiven Elemente können sowohl wertvolle Wandmalerien und Stuckierungen, aber vielleicht auch eine aus den 1950er-Jahren stammende Eingangstüre sein. Wichtig ist es, unabhängig vom Schutzstatus des Gebäudes, sich viel Zeit zu nehmen, um in das Haus hineinzuhören und seine Vorzüge zu begreifen. Nicht zuletzt ergeben sich im Grunde aus jedem historischen Bauteil, das gut erhalten ist und seine Funktion erfüllt, Kostenvorteile gegenüber seiner Erneuerung. Dies gilt zumal angesichts deutlich steigender Baupreise, die Material, aber vor allem Arbeit immer teurer werden lassen. Insofern verschafft alles, was nicht erneuert werden muss, einen nicht nur ideellen, sondern auch finanziellen Mehrwert. Auf keinen Fall sollte man sich bei der Entscheidung zwischen Bewahrung und Erneuerung – sei es bezogen auf das ganze Bauwerk oder auf seine einzelnen Teile – von interessengeleiteten sogenannten Bauexperten leiten lassen, um deren Kompetenz es zumeist nicht sehr gut bestellt ist. Vielmehr braucht es, je nach Charakter des Gebäudes und bestehenden Anforderungen, einfühlsame Architekten, Partner aus der Denkmalpflege und Fachleute, etwa Restauratoren, die eine tiefgreifende Kenntnis von und eine Liebe zu alten Bauten mitbringen.

Ich wünsche viel Freude mit diesem Buch, viele Anregungen und zahlreiche neue Ideen für das eigene Bauvorhaben.

Thomas Drexel

PROJEKTE

NEUE AKZENTE DURCH ERWEITERUNG

Anbau in Holzbauweise für ein Einfamilienhaus

DAS WURDE GEMACHT

- Erweiterung eines Einfamilienhauses aus den 1930er-Jahren
- Schaffung eines neuen Wohnbereichs und zweier Kinderzimmer, Öffnung der Raumbeziehungen im Erdgeschoss

Vorher

Insbesondere bei Familien mit mehreren Kindern wird der Platz in einem Haus schon einmal knapp. Die Bauherren des Einfamilienhauses in Darmstadt, das in den 1930er-Jahren errichtet und zuvor schon saniert worden war, konsultierten dazu den erst seit Kurzem selbständigen Architekten Tim Bialucha. Die letztlich gefundene optimale Lösung bot sich angesichts des ausreichend großen Gartenanteils in der Hinzufügung eines Anbaus, der sich durch die kubische Form, die großen Fensterflächen und die partielle Verkleidung der Fassade mit Lärchenholzleisten vom Altbau abhebt.

Helligkeit und spannende Raumbeziehungen – Gläserne Bänder grenzen die beiden Gebäudeteile optisch voneinander ab und sorgen zugleich für zusätzliche Belichtung. Da das Erdgeschoss des Altbaus ein Halbgeschoss über dem Geländeniveau liegt, die Erweiterung aber ebenerdigen Zugang zum Garten bieten sollte, entstand eine spannungsvolle Split-Level-Situation, die durch eine Treppe zwischen heutigem Essplatz und neuem Wohnbereich überbrückt wird. Besonders hinzuweisen ist auf den zwischen Anbau und Nachbargebäude eingepassten Terrassenbereich, der von einer weinberankten Stahlpergola überspannt wird und als weiteres Bindeglied zwischen Alt und Neu wirkt.

Neue Durchgängigkeit – Ein großer Durchbruch schafft ein Raumkontinuum, der Luftraum im Bereich der Wandverglasung und der darüber eingebauten Galerie sorgt für Großzügigkeit und Durchgängigkeit. Im Obergeschoss der Erweiterung entstanden zwei identisch große Zimmer für die Kinder.

Ökologie und Nachhaltigkeit – Die Auskragung des Obergeschosses nimmt einerseits das Stilelement des Erkers am Altbau auf und dient im Sommer auf der Süd- und Westseite gleichzeitig als Sonnenschutz, während die Sonne im Winter wie gewünscht in die Räume fällt und diese erwärmt. Neben dieser ökologischen und kostenfreien Wärmequelle berücksichtigte die Planung auch ansonsten Möglichkeiten des ökologischen und bauphysikalisch optimierten Bauens, indem etwa das Obergeschoss mit eingeblasenen Zellulosefasern, das Mauerwerk im Erdgeschoss mit Platten auf rein mineralischer Basis gedämmt wurden.

1 *Terrasse unter der Weinpergola. Links die Erweiterung, rechts der Altbau.*

2 *Blick auf Anbau und Bestandsgebäude von Südosten*

3 *Die Straßenansicht zeigt, wie Alt und Neu durch die Glasfuge verbunden und gleichzeitig geschieden werden.*

1 Sitznische im Anbau mit Blick zur Terrasse

2 Durchblick vom Wohnzimmer im Anbau zum Büro (links) und zum Essplatz im Altbau

3 Eine Treppe überbrückt den Höhenunterschied zum Wohnzimmer, das auf Gartenniveau angelegt ist.

4 Blick über den Essplatz zur »Glasfuge« zwischen Alt und Neu

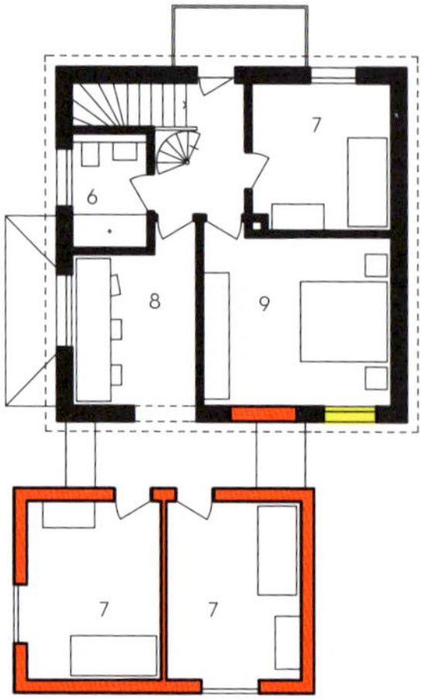

Obergeschoss

WICHTIGE BAUDATEN

Standort: Darmstadt
Ursprüngliche Erbauungszeit: 1930er Jahre
Umbauzeitraum: 2013 (6 Monate)
Grundstücksgröße: 384 m²
Wohn- und Nutzfläche: vor/nach Erweiterung 123 m²/185 m² zuzüglich 28 m² Terrasse/Balkon
Bruttorauminhalt (BRI): vor/nach Umbau 641 m³/894 m³
Energiekonzept: Gasbrennwerttherme
Heizenergiebedarf/Jahr nach Umbau: 65 kWh/m²a
Gesamtkosten: keine Angaben

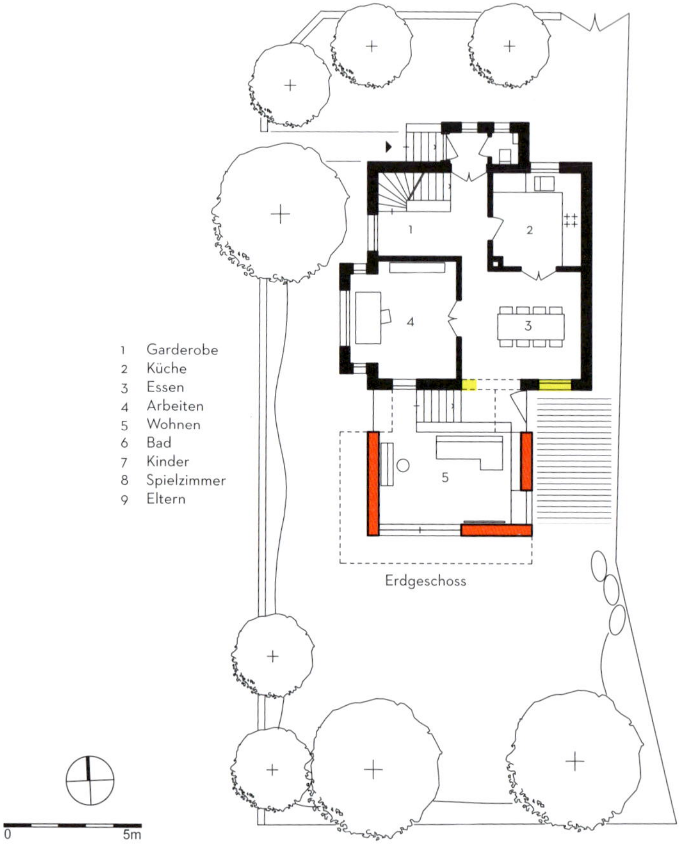

1 Garderobe
2 Küche
3 Essen
4 Arbeiten
5 Wohnen
6 Bad
7 Kinder
8 Spielzimmer
9 Eltern

Erdgeschoss

2

3

4

MODERNE UND TRADITION

Ökologischer Umbau eines Wohnhauses mit zwei Einheiten

DAS WURDE GEMACHT

- Umbau und Sanierung eines Wohnhauses von 1928
- Komplettausbau unter Erhalt der meisten Bauteile, teils statische Ertüchtigung

Vorher

1–2 *Blick durch die Küche, die sich früher im historischen Wohnteil befand, mit umfunktionierter Schreiner-Werkbank*

3 *Ansicht von der Straße. Links der historische Wohnteil mit neuem Zugang, rechts der frühere Scheunenteil*

Ein Umbau bietet die Chance, die häufig mit alten Bauteilen verbundene Atmosphäre auf spannende Weise mit modernen Materialien und Einbauten zu verschmelzen. Die Architektin Britta Bollinger setzte dies bei ihrem eigenen, 1928 als Bauernhaus errichteten Wohnhaus perfekt um. Dabei galt die Maßgabe, möglichst viele historische Wertigkeiten zu bewahren und diese in stimmiger Weise mit modernen Einbauten zu kombinieren. Es entstanden zwei Wohneinheiten, eine im alten Wohnteil und eine in der neu ausgebauten Scheune, ergänzt um zwei Terrassen.

Neu und Alt in Zwiesprache – Die moderne äußere Anmutung des Hauses mit seiner Fassade aus schwarzen Aluminiumplatten lässt zunächst gar nicht auf einen alten Kern schließen. Beim Betreten des Scheunenteils im Erdgeschoss, das Entree und Essbereich vereinigt, fällt die erhaltene Holzkonstruktion aber gleich ins Auge. Das kreative und sich befruchtende Nebeneinander von historischen und modernen Elementen ist eines der auffallendsten Kennzeichen der Planung. So besitzt die von der Architektin entworfene Treppe aus Schwarzstahl, deren Geländer CNC-gefräst worden ist, 300 Jahre alte Holztritte aus einem Abbruchhaus, die auf Maß zurechtgesägt und eingebaut worden sind. Die in der Scheune vorgefundenen Bohlenbretter wurden gereinigt und, ebenso wie die Treppenstufen, mit einer Mischung aus Olivenöl und Kokosfett eingelassen. Der Küchentresen ist eine frühere Schreiner-Werkbank, der Esstisch hatte eine lange Vorgeschichte als Mühlenwehr.

Optimale Funktionalität und Raumausnutzung – Um die statischen Anforderungen einer Wohnnutzung zu erfüllen, wurde das bestehende Holztragwerk des früheren Wirtschaftsteils durch eine unterstützende Stahlkonstruktion ertüchtigt. Die südwestliche Giebelwand, die großzügigere Fassadenöffnungen bekam, wurde aus statischen und energetischen Gründen ersetzt. Im Dachspitz der Scheune befindet sich, unter großen Verglasungen, nun das Wohlfühlbad mit frei stehender Wanne, darunter in Halbgeschossen organisiert liegen der Schlafbereich und das Wohnzimmer. Im alten Wohnteil bestand die Aufgabe primär darin, den zuvor sehr kleinräumig strukturierten Grundriss aufzulösen und funktionaler zu gestalten.

Sanieren und ökologisch ausbauen – Die dem Ess- und Eingangsbereich zugeordnete Küche befand sich vor dem Umbau im historischen Wohnteil. Innen wurde mit Lehm- und Kalkputzen gearbeitet, um zugleich eine hohe Diffusionsoffenheit und wohngesunde Innenräume zu erreichen sowie ausreichende Speichermassen für die im Haus erzeugte Wärme zu schaffen. Diese wird im Scheunenteil über Boden-, Wand- und Deckenheizungen, im Wohnteil nur über Deckenheizungen abgegeben, was die Bewohner als besonders angenehm empfinden.

1

2

1 *Blick über den Essplatz in der früheren Scheune zur höher gelegenen Küche*

1 Wohnen
2 Schlafen
3 Bad
4 WC
5 Ankleide
6 Flur
7 Eingang
8 Essen
9 Kochen
10 HWR
11 Carport
12 Luftraum

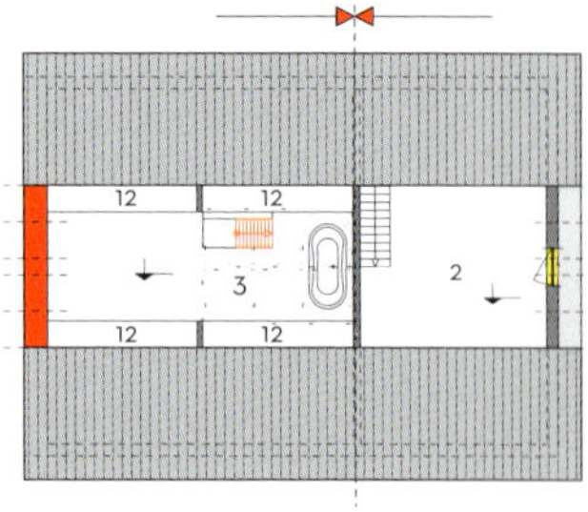

Dachgeschoss

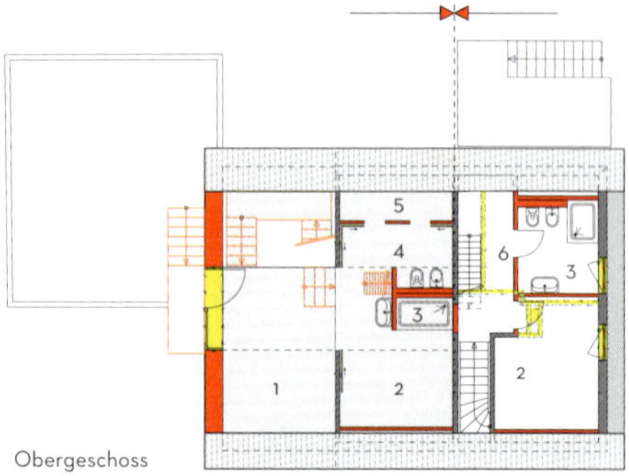

Obergeschoss

WICHTIGE BAUDATEN

Standort: Bitz/bei Albstadt (Baden-Württemberg)
Ursprüngliche Erbauungszeit: 1928
Umbauzeitraum: 2016–2017
Grundstücksgröße: 330 m²
Wohnfläche gesamt: vor Umbau ca. 80 m²,
nach Umbau ca. 140 m² in zwei Wohneinheiten
Bruttorauminhalt (BRI): vor Umbau 727 m³,
nach Umbau 862 m³
Heizenergiebedarf/Jahr nach Umbau: 31,57 kWh/m²a
Gesamtkosten: keine Angaben

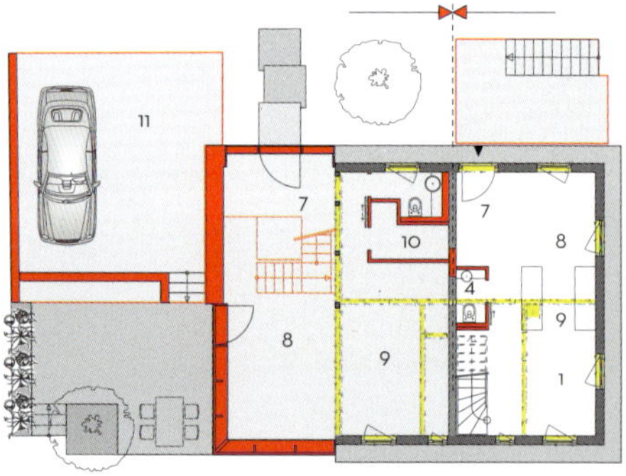

Erdgeschoss

2 *Einige Stufen führen im Obergeschoss vom Wohnraum hinauf zum Schlaf- und Badbereich, von hier geht es weiter in den ausgebauten Dachspitz.*

3 *Blick durch das Gebäude. Die vielen Durchblicke und der Luftraum schaffen eine großzügige Wohnatmosphäre.*

4 *Frei stehende Wanne unter großer Dachverglasung im galerieartig ausgeführten Dachspitz*

NEUE GROSSZÜGIGKEIT IM ANBAU

Ein Anbau mit Mehrwert in Holzbauweise

DAS WURDE GEMACHT

- Erweiterung eines Einfamilienhauses durch einen Anbau mit Carport
- Neuregelung der Erschließungssituation
- Schaffung neuer Aufenthaltsräume/Terrassen
- Dach- und Außenwanddämmung sowie Neuverschalung des bestehenden Einfamilienhauses

Das ursprünglich in den 1970er-Jahren errichtete Einfamilienhaus war der vierköpfigen Familie zu klein geworden. Es brauchte mehr Fläche, mehr Großzügigkeit und mehr Privatsphäre für die Eltern wie auch für die inzwischen herangewachsenen Kinder. Zusammen mit dem Architekten Peter Brinkmann entschloss man sich zur Schaffung eines neuen Anbaus auf der nördlichen Eingangsseite.

Zweigeschossig erweitern, auf Garagen verzichten – Die anfängliche Idee, zwei auf der Nordseite vorhandene Garagen zu belassen und mit einer aufgestelzten Erweiterung zu überbauen, gab man bald zugunsten der heutigen Lösung auf. Der Abriss und Neubau schufen deutlich mehr Wohnfläche und verbesserten den Nutzwert der Erweiterung, die nun zweigeschossig ausgeführt ist, erheblich. Die Erschließung erfolgt über die Ostseite des Anbaus, der, mit Holz aus heimischer Forstwirtschaft errichtet, im Erdgeschoss neben einer Garderobe und einem Kellerersatzraum ein großes Wohnzimmer mit großzügiger Verglasung und direktem Zugang zu den neu entstandenen Terrassenbereichen auf der westlichen Gartenseite bietet. Die großen Fensterflächen belichten das Wohnzimmer optimal und leisten im Winter einen wichtigen Beitrag zur passiven Wärmegewinnung.

Mehr Platz für Eltern und Kinder – Im Obergeschoss des Anbaus findet ein eigenständiger Elternbereich mit Ankleide und Bad Platz, der kostensparend über die bestehende Innentreppe erschlossen wird. Die Kinder bekamen im alten Haus deutlich mehr Platz. Die Raumzuschnitte des Bestandsgebäudes blieben dabei unverändert, jedoch erhielt es eine komplette Außendämmung der Dach- und Wandflächen, um Alt und Neu energetisch auf einheitlichen Standard zu bringen. Aufgrund der effizienten Dämmung kann die Wärmeversorgung über die bestehende Gasbrennwerttherme erfolgen. Der straßenseitig an die Erweiterung andockende, auf Holz-V-Stützen ruhende Carport bietet Platz für zwei Fahrzeuge und schafft einen geschützten Eingangsbereich .

1 Gartenansicht von Altbau (rechts) und Erweiterung

2 Die stirnseitig auskragende Dachkonstruktion fungiert als Carport und Eingangsüberdachung.

3 Frontalansicht der Erweiterung. Das Vordach wirkt als schattenspendende Terrassenüberdeckung.

1

WICHTIGE BAUDATEN

Standort: Großraum Stuttgart
Umbauzeitraum: 2008 (8 Monate)
Grundstücksgröße: ca. 760 m²
Wohnfläche: vor/nach Umbau 112 m²/204 m²
Bruttorauminhalt (BRI): vor/nach Umbau 416 m³/732 m³
Energiekonzept: Gasbrennwerttherme mit Solarthermie (104 m² Kollektorfläche)
Heizenergiebedarf/Jahr nach Umbau: 5 kWh/m²a
Gesamtkosten brutto: ca. 130.000 Euro

1 Terrasse
2 Wohnen
3 Büro
4 Küche
5 Essen
6 Gast
7 Bad
8 Haustechnik
9 Garderobe
10 Kellerersatz
11 Kind
12 Eltern
13 Ankleide
14 Elternbad

2

1 *Der im Erdgeschoss des Anbaus entstandene neue Wohnbereich*

2 *Fließender Übergang zu Terrasse und Garten durch großzügige Verglasung und zweiflügeliges Türelement*

GESTALTERISCHER EIGENWERT

Anbau an ein Einfamilienhaus der 1950er-Jahre

DAS WURDE GEMACHT

- Erweiterung eines Einfamilienhauses aus den 1950er-Jahren
- Schaffung eines überdachten Eingangsbereichs und multifunktional nutzbaren Raumes im Freien

Bei einem Einfamilienhaus aus den 1950er-Jahren auf einem großen, eingewachsenen Grundstück bei München sollte der zur Verfügung stehende Wohnraum erweitert werden. Die Bauherren wünschten sich gut zugängliche, vielfältig nutzbare und helle Räume, die der Familie nicht nur mehr Platz verschaffen, sondern auch eine moderne Formensprache einbringen sollten. Das Münchner Architekturbüro Fthenakis Ropee fand dafür eine perfekte gestalterische Antwort.

Aufgestelzter »Zinktank« und Raum im Freien – Aus Gründen des Baurechts und der Kosteneffizienz und Praktikabilität entschied man sich, die Erweiterung an die nördliche Giebelseite des alten Wohnhauses anzudocken, ohne – abgesehen von den notwendigen Durchbrüchen – in den Bestand einzugreifen. Es entstand ein auf Stahlstützen ruhendes Bauwerk in Holzmassivkonstruktion, dessen Hülle aus Titanzinkblech besteht. Während die monolithische Form und die Außenhaut dezidiert modern wirken, passt sich das Gebäude sehr genau an die Dachneigung des Bestands an, sodass eine wirkliche Einheit entsteht. Da über das Obergeschoss des Altbaus zugänglich, brauchte für den Anbau keine neue Treppe gebaut zu werden. Das Erdgeschoss ist für vielfältige Zwecke geeignet – als überdachter Eingangsbereich, Carport, Freiluftküche oder Gartenwerkstatt.

Durchgängig und nutzungsoffen – Die Innenansicht der Rahmenkonstruktion aus Massivholzoberflächen kontrastiert sehr schön mit der metallisch glänzenden Außenverkleidung.
Durch die vom Haus übernommene steile Dachneigung entstand bei einer Wohn- und Nutzfläche von knapp 50 Quadratmetern ein eindrucksvoll großzügig wirkender Raumzusammenhang mit Deckenhöhen von bis zu 4,55 Metern, der von zahlreichen, über die Dachfläche und Fassade verteilten Fenstern gleichmäßig erhellt wird. Ein Übriges tut die Behandlung der Holzoberflächen mit einer weiß pigmentierten Hartwachslasur, die eine zusätzlich lichte Qualität verleiht. Wichtig war bei der Anordnung der Fenster auch der Aspekt, schöne Ausblicke auf den nahen Baumbestand zu ermöglichen. Was die Verwendung der Räume angeht, so dienen sie je nach Bedarf als Erweiterung der Wohnfläche, als Büro, als Seminarraum oder als Gästezimmer.

1 *Blick durch den Anbau mit Büro und Küche vorne, Seminarraum hinten*

1

2

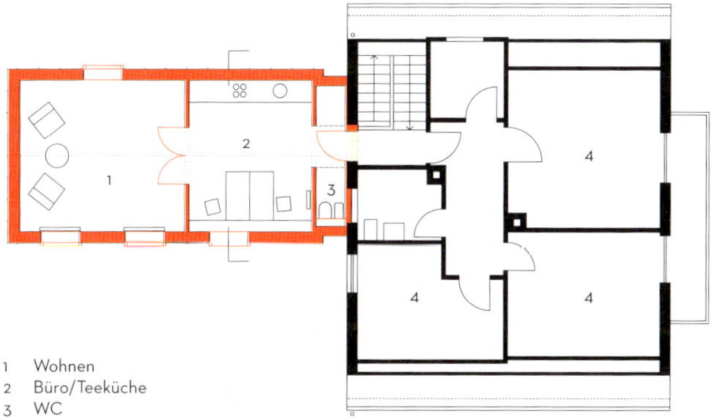

1 Wohnen
2 Büro/Teeküche
3 WC
4 Wohnräume des Bestandsgebäudes

Obergeschoss

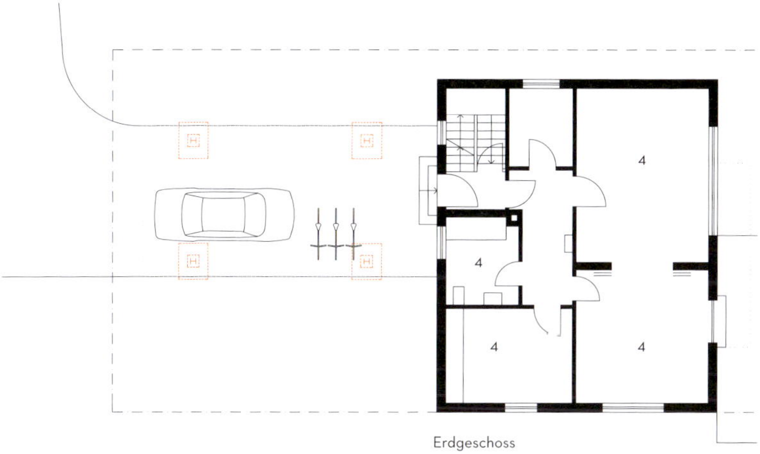

Erdgeschoss

WICHTIGE BAUDATEN

Standort: bei München
Ursprüngliche Erbauungszeit Bestand: 1950er-Jahre
Umbauzeitraum: 4 Monate
Grundstücksgröße: 1449 m²
Wohn- und Nutzfläche Erweiterung: 49 m², Bestand 148 m², Carport 50 m²
Bruttorauminhalt (BRI): Erweiterung 152 m³, Bestand 596 m³
Gesamtkosten brutto: ca. 145.000 Euro

1–2 *Ansichten des Seminarraums mit perfekt gesetzten Belichtungsöffnungen, die für eine ideale Stimmung sorgen.*

3–4 *Außenansichten*

KLEINE EINGRIFFE, GROSSE WIRKUNG

Sanierung und Umbau eines 70er-Jahre-Einfamilienhauses

DAS WURDE GEMACHT

- Umbau und Sanierung eines frei stehenden Einfamilienhauses aus den 1970er-Jahren
- Veränderung der Erschließung, energetische Sanierung, neue Verschalung mit unbehandeltem Holz
- Entfernung von ästhetisch unpassenden Bauteilen im Innenraum, Anpassung des Grundrisses

Vorher

Das in den 1970er-Jahren erbaute Heim der Familie Weltin besaß beim Kauf einige Vorzüge, so eine ausreichende Wohnfläche und einen großen, eingewachsenen Garten zum Spielen.

Große Wirkung, geringer Aufwand – Gemeinsam mit dem Münchner Architektenteam Gerstmeir Inić ging man die Aufgabe beherzt an. Man war sich einig, dass im wörtlichen Sinne nicht um jeden Preis modernisiert, sondern nur dort eingegriffen werden sollte, wo es für Ästhetik und Wohnqualität unabdingbar war. So sparte man nicht nur Aufwand, Zeit und Geld, sondern bewahrte auch einige zeittypisch charmante Elemente, die nun mit dem Neuen bestens zusammenwirken. Hierzu zählen etwa das eiserne Geländer im Treppenhaus, das durch ein neues Panoramafenster nun viel heller geworden ist, und die Rundbogendurchgänge zwischen Flur und Küche beziehungsweise Essen und Wohnen, die mit hellem Holz geschickt neu akzentuiert wurden. Vorhandene Einbauten in dunklem Holzfurnier, die mit entsprechender, massiv wirkender Möblierung korrespondierten, entfernte man komplett. Die zuvor sehr kleinteilige Grundrissstruktur löste man zugunsten weniger größerer Räume auf, plante zusätzliche und größere Fenster und direkte Zugänge zum Außenraum ein. Gerade im Koch- und Essbereich, der nun von der Nord- zur Südseite durchgesteckt konzipiert ist, ergab sich durch die Entfernung kleiner Nebenräume und die Vergrößerung beziehungsweise Neuschaffung von Fensterausschnitten ein völlig neues Raumgefühl. Auf beiden Geschossen wurden neue Toiletten eingebaut, die Kinderzimmer im Obergeschoss sind nun identisch groß.

Alte Form neu inszeniert – Gemäß dem minimalistischen Konzept war es das Ziel, die Kontur des Baukörpers im Grunde zu bewahren, jedoch durch maßgeschneiderte Anpassungen aufzuwerten. Dies gelang vorzüglich, indem die vormals dunkle Holzschalung durch ein sägeraues Lärchenholzkleid mit genauen Detaillierungen, etwa hinsichtlich der Balkonbrüstung und der Sockelbretter, ersetzt worden ist. So entstand der Eindruck von Tiefe und Dynamik, Licht und Schatten prägen nun die je nach Tages- und Jahreszeit sowie Witterung veränderliche Gesamterscheinung des Hauses. Eine Anpassung im Äußeren erfolgte durch die Verlegung des zuvor auf der nördlichen Traufseite situierten Eingangs auf die Westseite. Die Außenwände wurden saniert, Wärmebrücken wie auskragende Stahlteile entfernt und eine Außenwanddämmung aufgebracht, die das Haus zusammen mit den begleitenden Maßnahmen auch energetisch auf den aktuellen Standard bringt.

Der Umbau dieses Einfamilienhauses zeigt die hohe Kunst, mit wenigen ausgewählten Mitteln und bei überschaubarem Aufwand eine völlig neue, freundliche und offene Wohnatmosphäre für eine Familie zu erzeugen.

1 Die Traufseite bekam eine neue Fassaden- und Balkonverschalung.

2 Giebelansicht mit neuer Eingangssituation

3 Blick über den Balkon zum Elternschlafzimmer

1 *Der Rundbogendurchgang zwischen Ess- und Wohnbereich blieb erhalten, wurde aber gestalterisch deutlich aufgewertet.*

2 *Essen und Kochen als Einheit*

3 *Das Wohnzimmer mit Durchblick zum Essplatz*

4 *Im Elternschlafzimmer*

WICHTIGE BAUDATEN

Standort: bei München/Oberbayern
Ursprüngliche Erbauungszeit: 1970er-Jahre
Umbauzeitraum: 2013–2014 (9 Monate)
Grundstücksgröße: ca. 800 m^2
Wohnfläche: vor/nach Umbau ca. 150 m^2
Bruttorauminhalt (BRI): vor/nach Umbau ca. 1200 m^3
Energiekonzept: Gasbrennwerttherme
Heizenergiebedarf/Jahr nach Umbau: 65 kWh/m^2a
Gesamtkosten: ca. 200.000 Euro

2

3

4

1 Kind
2 Schlafen
3 Bad
4 WC
5 Windfang
6 Wohnen
7 Küche
8 Essen

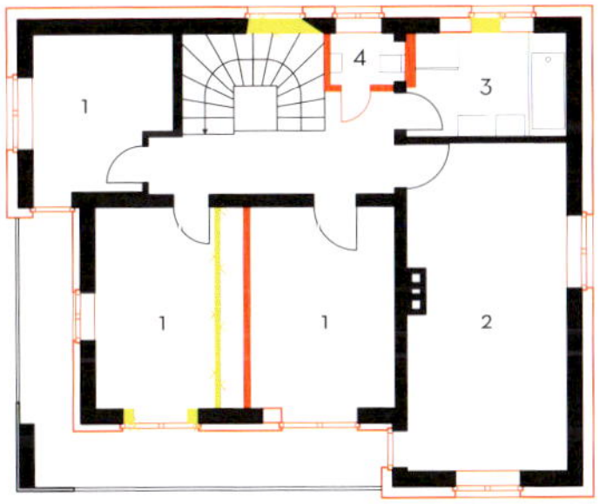

Obergeschoss

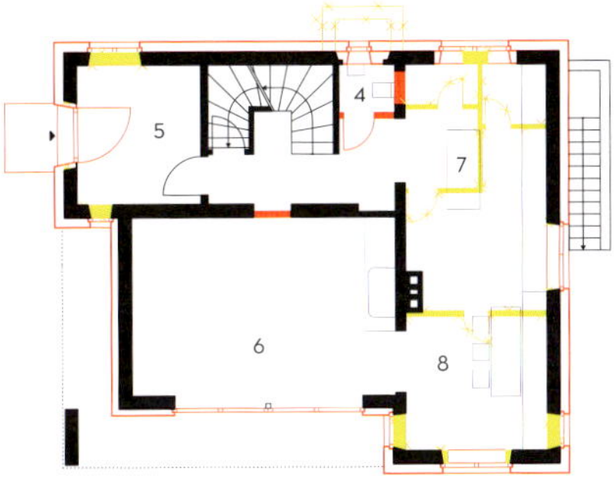

Erdgeschoss

TRANSPARENZ UND RAUMGEWINN

Aufstockung eines Bungalows

DAS WURDE GEMACHT

- Aufstockung eines Bungalows von 1991
- Dämmung der Außenwände und des neuen Dachbereichs
- Erneuerung der Fenster
- Anpassung des Grundrissess

Eines der wichtigsten Themen beim Umbau ist – sowohl bei kleinen mehrgeschossigen als auch bei eingeschossigen Gebäuden – der Zugewinn an Fläche. In diesem Fall ging es um einen Bungalow aus dem Jahr 1991, den die Bauherren für die Bedürfnisse einer Familie mit Kindern anpassen wollten. Die Planung von Thomas Wenzig sah ein zweites Geschoss mit deutlich mehr Raumreserven vor und sorgte für eine zuvor nicht gekannte Durchgängigkeit.

In die Höhe gewachsen – Für die dreiköpfige Familie reichte es aus, etwa zwei Drittel der Grundfläche mit einer Aufstockung zu überbauen. Im neuen Obergeschoss befinden sich nun das Elternschlafzimmer mit großem Panoramafenster und zugeordneter Ankleide, das Kinderzimmer und ein Bad. Eine offene, gerade Treppe mit gelochter Stahlbrüstung erschließt vom Eingangsflur aus die neue Wohnebene und schafft durch die bis zur Decke geöffnete Struktur den Eindruck optischer Durchgängigkeit. Das sehr schöne Riemchenparkett aus der Erbauungszeit wurde erhalten und lediglich abgeschliffen und neu geölt. Ansonsten wurde das Haus durch eine komplette Dämmung der Außenoberflächen und den Einbau einer neuen Gasbrennwerttherme auch energetisch saniert und auf den Stand der geltenden Energieeinsparverordnung (EnEV) gebracht.

Transparenz als Umbauprogramm – Dank der zusätzlichen Wohnebene wurden im Erdgeschoss Zimmer frei, die nun als Büro und für Gäste genutzt werden können, ohne dass sie im Zuschnitt verändert zu werden brauchten. Dagegen war es ein wichtiges Element des Umgestaltungskonzepts, die vorher durch Innenwände voneinander abgetrennten Bereiche Kochen, Essen und Wohnen zusammenzufassen. Die Küche erhielt durch die Auflösung zweier kleiner Kammern einen neuen, gut nutzbaren Hauswirtschaftsraum. Es entstand so nicht nur ein großzügiger Gesamtraum, sondern – nicht zuletzt durch die Vertiefung des Westfensters – auch eine ganz neue Innen-Außen-Beziehung mit langen Durch- und Ausblicken.

1–2 *Ess- und Kochbereich im Erdgeschoss, mit neuem Holzscheitkamin. Durch großzügige Öffnungen wurde die zuvor kleinteilige Raumstruktur aufgebrochen.*

1

2

1–2 *Der aufgesattelte Baukörper in Holzrahmenbauweise öffnet sich mit größtmöglicher Transparenz nach Süden. Der neue Aufbau mit seiner goldenen Zinkblech-Verkleidung verleiht dem Haus ein skulpturales Aussehen.*

1 Schlafen
2 Ankleide
3 Flur
4 Bad
5 Kind
6 Küche
7 HWR
8 Arbeiten
9 Essen
10 Wohnen
11 Gast

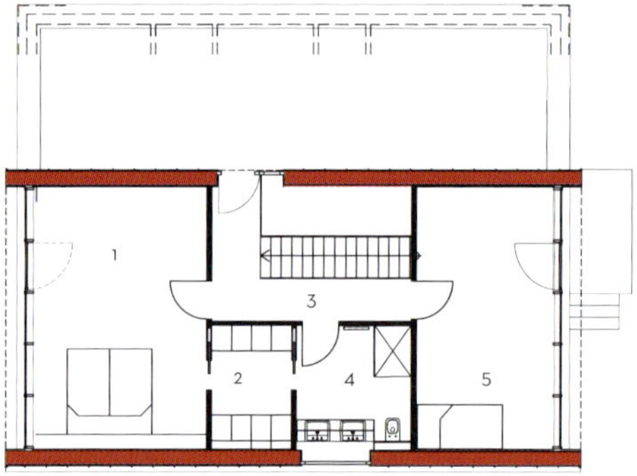

Obergeschoss

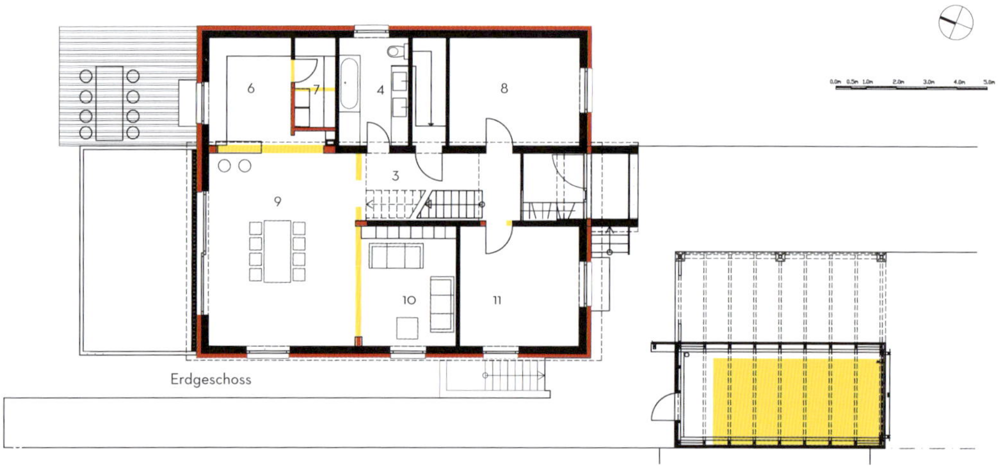

Erdgeschoss

WICHTIGE BAUDATEN

Standort: Braunschweig
Ursprüngliche Erbauungszeit: 1991
Umbauzeitraum: 2016–2017 (15 Monate)
Grundstücksgröße: 1305 m^2
Wohnfläche: nach Umbau 224 m^2 zuzüglich ca. 30 m^2 Terrassen
Bruttorauminhalt (BRI): vor/nach Umbau ca. 410 m^3/730 m^3
Energiekonzept: Gasbrennwerttherme
Heizenergiebedarf/Jahr nach Umbau: 66,62 kWh/m^2a
Gesamtkosten: keine Angaben

3 *Blick in die Küche*

4 *Ein lichtdurchfluteter Luftraum und die Stahltreppe mit Lochmuster-Elementen verbinden die Geschosse.*

NEUE LEICHTIGKEIT DES WOHNENS

Komplettumbau und Erweiterung eines Einfamilienhauses

DAS WURDE GEMACHT

- Umbau und Erweiterung eines Einfamilienhauses aus den 1950er-Jahren
- Öffnung und durchgängige Gestaltung der Innenräume
- Komplette Erneuerung der Haustechnik
- Energetische Sanierung

Vorher

Als bereits sehr großzügiges Einfamilienhaus geplant, besaß das aus den späten 1950er Jahren stammende Gebäude gute Voraussetzungen, um es auf den Stand der Zeit zu bringen. Während die Raumreserven als solche stimmten, war der Grundriss doch sehr von den Vorstellungen der Erbauungszeit geprägt. Architekt Ralf Grotz formte aus dem Vorhandenen mit gezielten Eingriffen eine Art modernen Bungalow, der Durchgängigkeit mit Großzügigkeit und Funktionalität in Einklang bringt.

Mehr Luft, mehr Licht! – Ein Großteil der Innenwände wurde entfernt, ebenso die Außenwände des früheren Wohnbereichs. Auf der Südseite erweiterte man den Koch-, Ess- und Wohnbereich um etwa 43 Quadratmeter auf 110 Quadratmeter Gesamtfläche. Um den nun sehr großen Raum optisch zu untergliedern, senkte man die Erweiterung um zwei Stufen ab. Durch das nach Süden ansteigende, flach geneigte Pultdach entstanden Raumhöhen von über drei Metern. Die komplette Verglasung nach Süden erzeugt eine optimale Belichtung und einen grandiosen Ausblick. Der Sichtbetonsockel am Fenster ist für eine umlaufende Sitzbank mit Eichenholzauflage genutzt worden. Die frei auskragende Konstruktion der Erweiterung lässt das Bauteil fast schwebend wirken. Großzügig dimensionierte Hebeschiebefenster nach Süden und Westen schaffen im Sommer eine besonders schöne Durchgängigkeit zwischen Drinnen und Draußen. Von der Aussicht und der Helligkeit auf der Südseite profitieren auch die beiden Kinderzimmer, denen zusätzlich ein eigener Balkon mit Verbindung zum Wohnbereich zugeordnet wurde.

Neu geformte Freiräume – Da sich die Wohnräume alle im Erdgeschoss befinden, bot es sich für den Architekten an, den bungalowartigen Charakter durch die Schaffung einer direkt zugeordneten großen Terrasse auf der Westseite zu erweitern. Für den Schutz der Privatsphäre sorgen die neu entstandene Garagenwand, die gleichzeitig Sicht- und Schallschutz zur nördlich verlaufenden Anliegerstraße bietet, und die ebenfalls in Sichtbeton ausgeführte Wand zum Nachbarn. Ein neu errichtetes Treppenbauwerk fügt Terrasse und Garten zusammen. Das teilunterkellerte Untergeschoss, wo sich untergeordnete Nutzungen wie Wasch-, Lager- und Heizungsräume befinden, blieb weitgehend unverändert.

1 *Gartenansicht mit hoch transparenter, schwebend wirkender Erweiterung*

2 *Blick durch den neuen, eingetieften Wohnbereich zur Terrasse*

3 *Neuer Patio mit überdachtem Freisitz und raumbildender Pergola*

3

1 *Ess- und Kochbereich mit in der Einbauküchenwand »verstecktem« Zugang zur Speisekammer*

2 *Blick vom Wohn- zum Ess- und Kochbereich. Die beiden Stahlstützen zeigen den früheren Verlauf der Außenwand. Der Niveauunterschied wurde für den Einbau einer raumgliedernden, vom Architekten entworfenen Stauraumlösung genutzt.*

3 *Lange Sichtachsen im wintergartenähnlichen Anbau. Der Bodenbelag besteht aus leicht weiß geölten Eichendielen.*

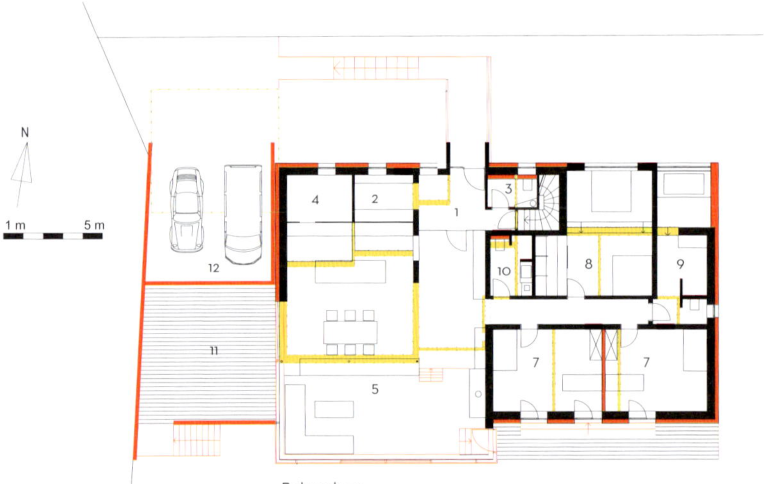

Erdgeschoss

1 Diele
2 Garderobe
3 WC
4 Speisekammer
5 Kochen/Essen/Wohnen
6 Flur
7 Kind
8 Eltern
9 Elternbad
10 Wohnen
11 Terrasse
12 Garage
13 Heizungsraum
14 Waschen
15 Kellerraum

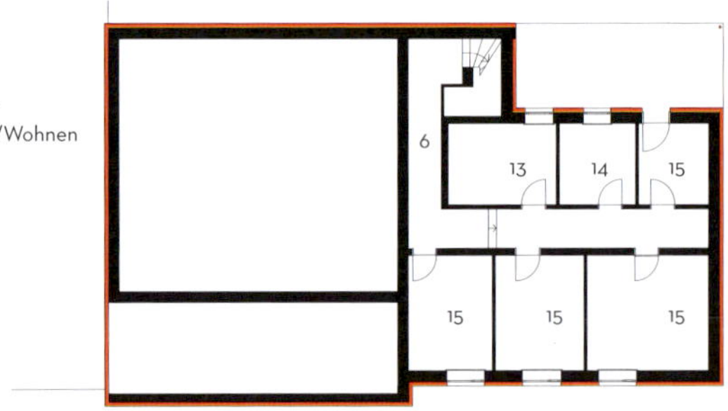

Untergeschoss

WICHTIGE BAUDATEN

Standort: Landshut (Bayern)
Ursprüngliche Erbauungszeit: 1958
Umbauzeitraum: 2012–2013 (7 Monate)
Grundstücksgröße: ca. 1300 m²
Wohnfläche: vor/nach Umbau 213 m²/275 m²
Bruttorauminhalt (BRI):
nach Umbau ca. 2200 m³ (mit Nebengebäuden)
Energiekonzept: Luft-Wasser-Wärmepumpe, Passivhaushülle
Heizenergiebedarf/Jahr nach Umbau:
25,3 kWh/m²a
Gesamtkosten: keine Angaben

2

3

SUBSTANZ KREATIV GENUTZT

Umbau von Garage und Innenpool zum Wohnen

DAS WURDE GEMACHT

- Umbau einer Garage und eines Schwimmbads aus den 1970er-Jahren zu Wohnzwecken
- Ermöglichung des Mehrgenerationen-Wohnens
- Bauliche und energetische Sanierung

1 *Der neue Wohn- und Essbereich profitiert von den großen Raumhöhen und der nun optimalen Belichtung. Links der Eingangsbereich.*

2 *Ansicht vom Garten mit neuer Verglasung*

3 *Straßenansicht auf der Eingangsseite, rechts hinten das große Wohnhaus*

Angesichts immer stärker steigender Neubaukosten gilt es besonders, Ideen für die Verwendung bestehender Wohn- und Nutzflächen zu entwickeln. Denn was schon da ist, muss nicht aufwändig neu errichtet werden. Der hier vorgestellte Fall zeigt, wie sich ein nicht mehr genutzter und daher nicht mehr benötigter Innenpool und eine Garage kreativ zu Wohnraum mit hohem Niveau umwandeln lassen.

Mehrgenerationenwohnen durch gezielte Umbauten – Der beauftragte Architekt Ralf Grotz traf eine Situation an, wie es sie beim Generationenwechsel häufig gibt. Nach dem Auszug der erwachsenen Kinder benötigen die Eltern zumeist weniger Wohnfläche, und es fällt oft schwerer, den vorhandenen Raum zu unterhalten. Hier wohnte die Mutter zudem sogar eine Zeit allein im Haus, ehe man sich – dem Vorschlag des Architekten folgend – entschied, ein kreatives Konzept für das Zusammenleben von Jung und Alt zu entwickeln. Anstelle einer aufwendigeren Erweiterung wurden das aus dem Jahr 1974, der Erbauungszeit des Hauses stammende und seit Längerem nicht mehr genutzte Schwimmbad und eine ohnehin sanierungsbedürftige Doppelgarage zu einer Zweizimmerwohnung für die Mutter umgebaut. Die Tochter mit Familie zog stattdessen in das Wohnhaus. So ist der Wohnraum optimal genutzt, Mutter und Kinder sind gleichermaßen betreut.

Ein Hallenbad als neuer Lebensmittelpunkt
Während in der bestehenden Doppelgarage Schlafzimmer, Bad und Flur untergebracht wurden, avancierte der frühere Innenpool zum großzügigen Wohn- und Essbereich mit bis zu vier Metern Raumhöhe. Das Becken selbst wurde mittels Trapezblech und Betonestrich geschlossen und dient als praktischer Abstellraum. Etwas erhöht, im ehemaligen Saunabereich, wird nun gekocht. Von dort gelangen die Mutter direkt in das Hauptgebäude, die Tochter und Enkel zu ihr. Der »Pool-Wohnraum« profitiert auch von den großen neuen Verglasungen zur Terrasse und zum Garten sowie einem großen Dachflächenfenster, wodurch die ehemals eher dunklen Nutz- und Nebenflächen optimal belichtet werden. Eine neue Doppelgarage bietet Ersatz für die verloren gegangenen Stellplätze. Der gesamte Umbaubereich und die neue Garage wurden durch weiße Putzflächen und schwarze, mit Edelstahlleisten gegliederte Fassadentafeln einheitlich gestaltet. Dreischeibige Verglasungen, eine Außenwanddämmung sowie eine neue Gasbrennwerttherme mit Solarthermie gewährleisten auch einen zeitgemäßen energetischen Standard.

1

2

3

WICHTIGE BAUDATEN

Standort: bei Erding
Ursprüngliche Erbauungszeit: 1974
Umbauzeitraum: 2007 (6 Monate)
Grundstücksgröße: ca. 1950 m^2
Wohnfläche Umbaubereich: 97 m^2
(Hauptgebäude ca. 220 m^2)
Energiekonzept: Gasbrennwerttherme mit Solarthermie
Gesamtkosten: keine Angaben

1 *Wohn- und Essraum mit großen Verglasungen zum Garten und zusätzlicher Dachverglasung über dem Essplatz*

2 *Blick in das Schlafzimmer*

3 *Eingangsdiele mit Durchgang zum Schlaf- und Badbereich*

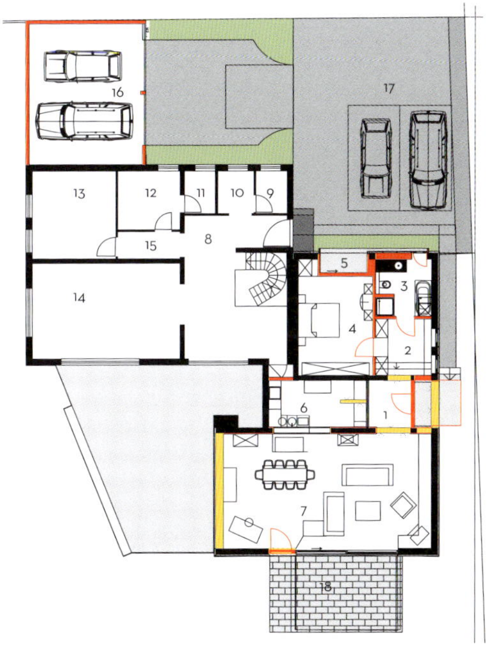

1 Vorraum
2 Flur
3 Bad
4 Schlafen
5 Loggia
6 Kochen
7 Essen/Wohnen
8 Diele Bestand
9 WC Bestand
10 Garderobe Bestand
11 Abstell Bestand
12 Küche Bestand
13 Essen Bestand
14 Wohnen Bestand
15 Gang Bestand
16 Garage
17 Stellplätze
18 Terrasse

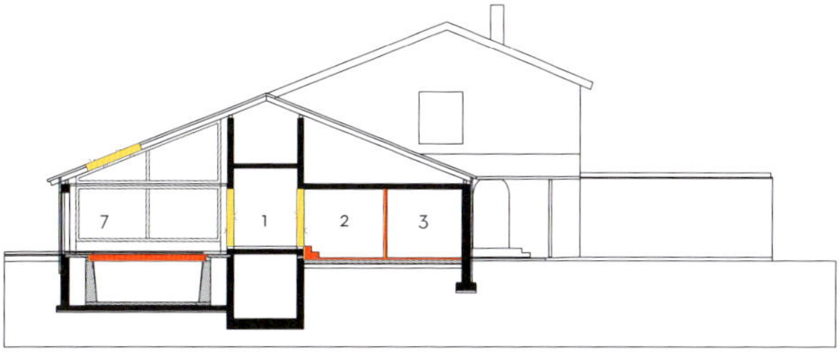

Grundriss

Schnitt

2

3

OPTIMAL BEBAUT

Umbau und Erweiterung zum Mehrgenerationen-Wohnen

DAS WURDE GEMACHT

- Umbau eines Einfamilienhauses aus den 1960er-Jahren, Erweiterung durch zwei neue Gebäude
- Umgestaltung und Dämmung von Außenwänden und Dach Altbau, Anpassung des Grundrisses

Vorher

Neben einer stets höchsten Ansprüchen genügenden Architektur- und Formensprache zeichnen sich die Entwürfe von Ralf Grotz stets auch durch hohe Funktionalität und optimale Ausnutzung des zur Verfügung stehenden Baulands aus. Diese Talente waren bei diesem Mehrgenerationen-Projekt besonders gefragt, wo ein kompaktes Einfamilienhaus aus den 1960er-Jahren durch geeignete Maßnahmen für die Eltern und die drei erwachsenen Kinder angepasst werden sollte.

Abstandsflächen ausgereizt – Die Lösung bestand im Anbau eines eingeschossigen Gebäudes auf der Westseite für die Eltern und eines zweigeschossigen, unterkellerten Kubus auf der Ostseite, in dem jetzt ein Sohn mit seiner fünfköpfigen Familie lebt. Beide Erweiterungen wurden so an den Bestand angedockt, dass die zulässigen Abstandsflächen zu den Grundstücksgrenzen weitestmöglich ausgenutzt werden. Im Inneren der Gebäude ergaben sich dadurch spannende, dynamisch wirkende Raumzuschnitte. Die beiden anderen Kinder wohnen nun zusammen mit ihren Lebenspartnern im Altbau, der dafür komplett saniert, das heißt mit einer Außendämmung versehen, neu verputzt beziehungsweise eingedeckt und mit der Herausnahme von Zwischenwänden im Erdgeschoss und Dachgeschoss Wohnen, Essen und Kochen deutlich offener gestaltet wurde. Die unterschiedlichen Baukörper wurden durch ihre zurückhaltende Formensprache und das schwarz-weiße Farbkonzept zu einer Einheit zusammengefügt. Dabei grenzen sich die schwarz verschalten Erweiterungen gewollt deutlich vom Altbau mit seinen weiß verputzten Wänden und schwarz-weiß akzentuierten Fenstern ab. Bemerkenswert ist nicht zuletzt, dass viele Arbeiten in gemeinsamer Eigenleistung ausgeführt worden sind.

Gelungene Außenraumgestaltung – Zwischen dem Altbau und den beiden Erweiterungen entstand ein intimer Atriumhof. Ungeachtet der optimalen Flächenausnutzung gelang es, für alle vier Wohneinheiten zugehörige, von den anderen Parteien abgesetzte Terrassen mit West- oder Südsonne zu schaffen, eine davon auf dem Dach des Anbaus auf der Westseite. Eine an den Bestand angebaute Garage wurde abgebrochen, eine weitere belassen und um mehrere Stellplätze ergänzt.

1 *Gesamtansicht mit zweigeschossigem Anbau links, umgestaltetem Altbau und eingeschossiger Erweiterung (rechts)*

2 *Ansicht von der Straßenseite*

3 *Blick vom Innenhof mit Altbau (links) und zweigeschossigem Anbau*

1

2

3

1

2

3

1 *Im eingeschossigen Anbau der Eltern: Wohnraum mit maßgefertigten Einbauregalen*

2 *Eingangsdiele mit Einbauschrank*

3 *Schlafzimmer*

4–5 *Im offen konzipierten Wohn-, Ess- und Kochbereich des zweigeschossigen Anbaus harmonieren Sichtbetondecke und Eichendielenboden auf das Beste.*

4

5

WICHTIGE BAUDATEN

Standort: bei Erding (Oberbayern)
Ursprüngliche Erbauungszeit: 1960er-Jahre
Umbauzeitraum: 2014
Grundstücksgröße: ca. 700 m²
Wohn- und Nutzfläche: vor/nach Umbau 288 m²/690 m²
Bruttorauminhalt (BRI): vor/nach Umbau 939 m³/2094 m³
Energiekonzept: Gemeinsame Pelletheizung
Heizenergiebedarf/Jahr nach Umbau: 36 kWh/m²a
Gesamtkosten: keine Angaben

1 *Blick durch den Wohn-, Ess- und Kochbereich im Erdgeschoss des Altbaus*

2-3 *Dachgeschoss und ausgebauter Dachspitz des Altbaus mit Leseempore bilden einen großzügig wirkenden Raumzusammenhang.*

1 Diele
2 Flur
3 WC
4 Bad
5 Speise
6 Kochen/ Essen/Wohnen
7 Schlafen EG
8 Flur OG
9 WC Bestand OG
10 Bad Bestand OG
11 Zimmer Bestand
12 Schlafen/Ankleide
13 Bad OG
14 Kind
15 Terrasse
16 Stellplatz
17 Garage

Erdgeschoss

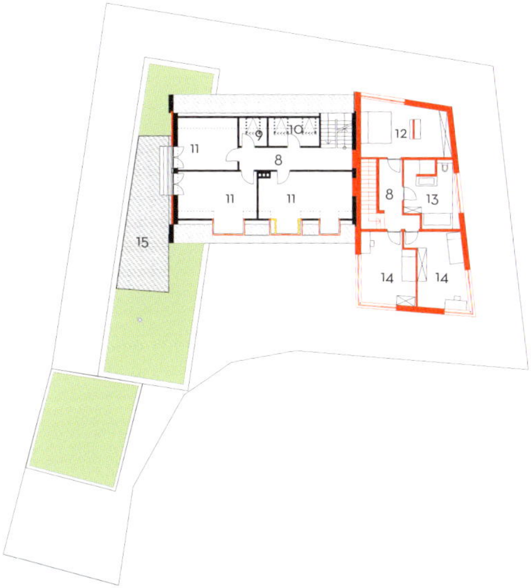

Obergeschoss

2

3

AUFERSTANDEN AUS RUINEN

Aufstockung auf bestehendem Untergeschoss

DAS WURDE GEMACHT

- Abbruch des bestehenden Erd- und Dachgeschosses
- Neuerrichtung eines Erdgeschosses auf dem bestehenden Untergeschoss
- Dämmung und teilweise Verschalung des Untergeschosses

Vorher

Bei hochwertigen Altbauten lohnt es sich eigentlich immer, den Bestand zu bewahren und zu sanieren. Etwas anders liegt der Fall bei manchem Einfamilienhaus der 1960er- und 1970er-Jahre, wo oft weder die gestalterische noch die energetische Qualität heutigen Ansprüchen genügt und die Umbaukosten teils in keinem Verhältnis zum Ergebnis stehen. Das Architekturbüro Hammerschmid Pachl Seebacher ersann für einen solchen Fall im österreichischen Mühlviertel eine überzeugende Lösung, bei der das Untergeschoss des Bestands sozusagen als Sockel für eine Neuerrichtung diente.

Komplettlösung und Verkleinerung – Anfängliche Überlegungen, das Einfamilienhaus zu erhalten und umzugestalten, wurden wegen des schlechten Bauzustands, der erforderlichen aufwändigen Maßnahmen und nicht zuletzt der zu großen Wohnfläche verworfen. Da die Kinder erwachsen und aus dem Haus waren, bestand ein deutlich geringerer Platzbedarf, der nun mit einem völlig neu errichteten Erdgeschoss in leichter, vorgefertigter Holzrahmenbauweise gedeckt werden konnte. Ein partielles Satteldach sorgt im Zentrum des Hauses für größere Raumhöhen und unterstreicht das durchgängige Wohngefühl. Wohnen, Essen und Kochen und der zentrale Bürobereich gehen offen ineinander über. Nach Südwesten wird das Haus nun um eine große Terrasse erweitert. Schlaf- und Gästezimmer, Bad und Treppenhaus zum Untergeschoss sind nach Norden beziehungsweise Osten orientiert. Unter ein Vordach eingezogen und durch den neuen Carport vor Einblicken geschützt, entstand zusätzlich ein Freibereich zum Frühstücken auf der Ostseite. Das Untergeschoss, dessen Erhalt zeit- und kostenaufwändige Abriss-, Beton- und Erdarbeiten ersparte, wird als Garage und Lagerraum genutzt. Einen besonderen Blickfang bildet die aus sägerauen Holzbrettern bestehende Fassade, deren Farbigkeit gemäß den Bauherrenwünschen lebhaft, aber harmonisch abgestuft gestaltet ist. Der Farbenkanon leitet sich aus Tönen ab, die auch im angrenzenden Böhmerwald vorkommen. Rot steht dabei für die Früchte der Eberesche, Grün für Fichten- und Buchenwälder und Braun für den Waldboden.

2

1–2 *Das neu aufgestockte, einheitlich gestaltete Gebäude überzeugt mit seiner geschlossenen Form wie auch der gelungenen Außenraumbildung.*

WICHTIGE BAUDATEN

Standort: Mühlviertel/Oberösterreich
Ursprüngliche Erbauungszeit: 1960er Jahre
Umbauzeitraum: 2016-2017
Grundstücksgröße: 753 m²
Wohn- und Nutzfläche: vor Umbau 161 m², nach Umbau 100 m²
Bruttorauminhalt (BRI): vor Umbau 1250 m², nach Umbau 940 m²
Energiekonzept: Luftwärmepumpe
Heizenergiebedarf/Jahr nach Umbau: 44 kWh/m²a
Gesamtkosten: keine Angaben

1 *Durchblick zum Wohn- und Essbereich*

2 *Essen und Kochen mit optimaler Belichtung, großen Raumhöhen und direktem Zugang zur Terrasse*

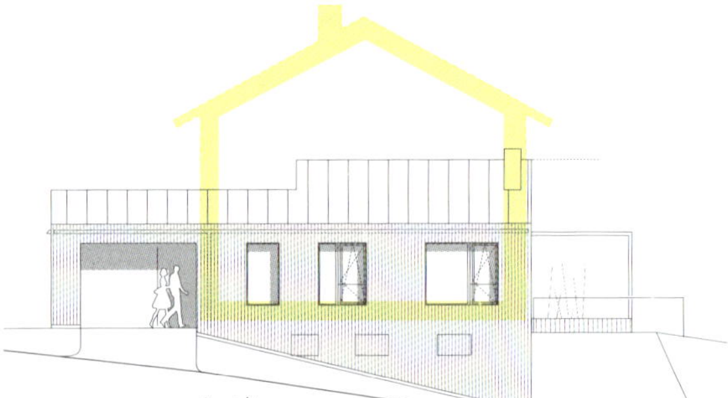

Ansicht

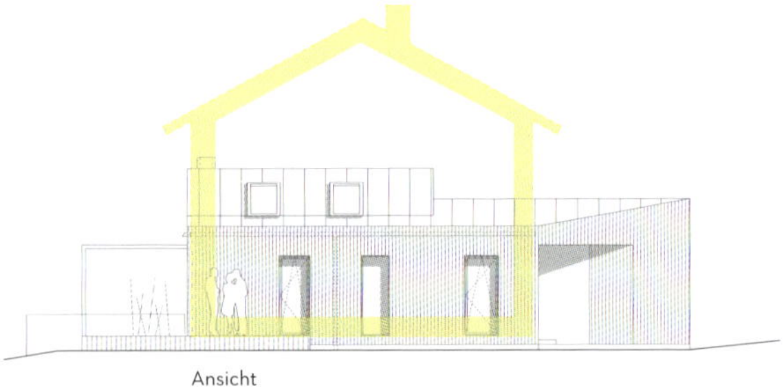

Ansicht

Grundriss

2

GROSSZÜGIGKEIT ALS KONZEPT

Sanierung und Erweiterung eines Wohnhauses aus den 1950er Jahren

DAS WURDE GEMACHT

- Umbau und Sanierung eines Wohngebäudes von 1953
- Dämmung und Ausbau des Dachbereichs, gartenseitige Verlängerung des Hauses, großflächige Verglasung der Gartenfassade, komplette Außenwanddämmung, vollständige Erneuerung der Haustechnik
- Zusammenlegung von drei Wohneinheiten zu einer, weitgehende Anpassung des Grundrisses

Vorher

Für ein Reihenhaus ungewöhnlich geräumig wirkt das Wohngebäude einer vierköpfigen Familie, das sich auf der Werderinsel in Bremen befindet. Das große Volumen entstand durch die Zusammenlegung von ursprünglich drei Wohnungen zu einer Einheit und durch die offene Gestaltung. So formen Wohnen, Essen und Kochen einen großen Raumzusammenhang, der das gesamte Erdgeschoss bestimmt.

Licht und großzügig – Die komplette Neugestaltung der Gartenfassade mit einer zweigeschossigen Verglasung und Dachgauben, denen kleine Terrassen zugeordnet sind, holt viel Licht in die Räume und inszeniert den Ausblick nach Westen. Raumgewinn brachte nicht zuletzt die Verlängerung des Hauses um 1,20 Meter Richtung Garten. Eine breite Treppenanlage mit Podest wirkt zusätzlich als Erweiterung des Wohnbereichs und bildet den Übergang zum grünen Umfeld. Um den Eindruck der Durchgängigkeit zu bewahren und viel Luftraum zu schaffen, wurde eine Galerieebene eingezogen, die gleichzeitig als vermittelndes Element zwischen den Geschossen fungiert. Im ersten Obergeschoss befindet sich der Elternbereich mit eigenem Bad, darüber wohnen die Kinder.

Ausgewählte Materialien und Oberflächen, zeitgemäße Haustechnik – Die leichte Stahlkonstruktion der Einbauten, die geölten Holzoberflächen und die weißen, verputzten Wände unterstreichen die Klarheit des architektonischen Konzepts und bilden eine wohltuend neutrale Grundlage für die stilsichere Möblierung. Die rundum gelungene Umbaumaßnahme wurde begleitet von einer kompletten Erneuerung von Sanitärtechnik und Elektrik, vor allem aber einer gewissenhaften energetischen Sanierung, die eine komplette Dämmung der Außenwände und des Daches, den Einbau moderner Gasbrennwerttechnik, die Montage von Solarkollektoren zur Unterstützung der Heizung und zur Warmwassererzeugung sowie eine Lüftungsanlage mit Wärmerückgewinnung umfasste.

1 *Blick vom Wohnraum in den Garten. Eine breite Hebeschiebetüre stellt eine unmittelbare Verbindung nach draußen und zum Treppenpodest her.*

2 *Gartenfassade mit zweigeschossiger Verglasung und Sonnenraffstores, auf dem Gaubendach die Solarkollektoren*

3 *Eingezogene Galerie im Wohn-Ess-Bereich. Der Rückbau der Geschossdecke bei gleichzeitigem Verschieben der Fassade Richtung Garten ermöglicht lichtdurchflutetes, großzügiges Wohnen. Die einheitlich durchgelegten Massivholzdielen aus weiß gekalkter Eiche unterstreichen die Durchgängigkeit des Wohnkonzepts.*

4 *Ansicht von der Straße*

1

2

3

4

1

2

1 *Elternschlafzimmer mit Badezimmer en suite im ersten Obergeschoss*

2 *Leseecke auf der Galerie*

3 *Essplatz zwischen Wohnbereich und zur Straße hin offener Küche.*

3

WICHTIGE BAUDATEN

Standort: Bremen
Ursprüngliche Erbauungszeit: 1953
Umbauzeitraum: 2008–2009
Grundstücksgröße: 182 m²
Wohnfläche: nach Umbau 163 m²
zuzüglich 68 m² Nutzfläche im UG
Bruttorauminhalt (BRI): nach Umbau 873 m³
Energiekonzept: Gasbrennwerttherme, Solarkollektoren, Lüftungsanlage mit Wärmerückgewinnung
Heizenergiebedarf/Jahr nach Umbau: 120 kWh/m²a
Gesamtkosten: keine Angaben

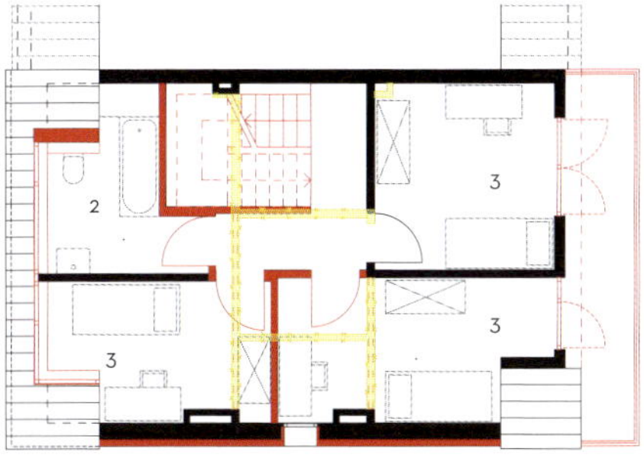

Dachgeschoss

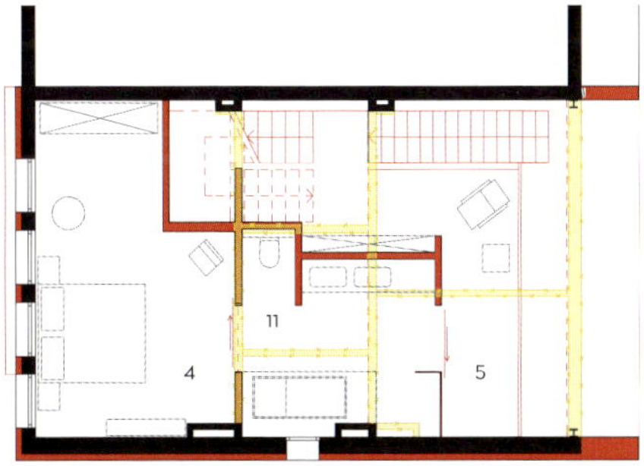

Obergeschoss

1 Atelier
2 Kinderbad
3 Kinderzimmer
4 Schlafen
5 Galerie
6 Küche
7 Wohnen/Essen
8 Keller
9 WC
10 Windfang
11 Bad

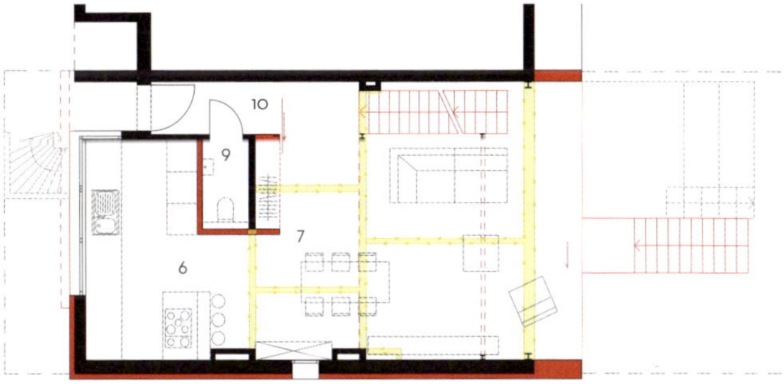

Erdgeschoss

Schnitt

KLEINES HAUS GANZ GROSS

Umbau eines Reihenhauses für eine Familie

DAS WURDE GEMACHT

- Umbau und Sanierung eines Reihenmittelhauses von 1936
- Dämmung und Ausbau des Dachs, Anpassung der Gartenfassade durch großflächige Verglasung, vollständige Erneuerung der Haustechnik
- Zusammenlegung von zwei Wohneinheiten zu einer
- Anpassung des Grundrisses, Schaffung eines Arbeitsbereichs im Untergeschoss und eines ebenerdigen Zugangs zum Garten

Vorher

Baulich weitgehend intakte Reihenhäuser sind im Grunde prädestiniert für die Bedürfnisse junger Familien. Sie verbinden einen zumeist vertretbaren Kaufpreis mit relativ geringen Umbaukosten, haben fast immer einen kleinen Garten und sorgen nicht zuletzt durch ihr geringes Volumen dafür, dass die Betriebskosten im Rahmen bleiben. Dies war auch bei diesem 1936 in einem Stadtteil von Bremen errichteten Gebäude der Fall, das nach der Planung des Bremer Architekten Theis Janssen behutsam umgestaltet worden ist.

Räumliche Offenheit, bessere Belichtung
Die Voraussetzungen waren günstig: Außer der partiellen Verstärkung, Dämmung und Neudeckung des Dachs waren im Grunde keine aufwändigen Sanierungsmaßnahmen vonnöten. Auch ansonsten verzichtete man auf unnötige große Eingriffe, was sich nicht zuletzt auch sehr positiv auf die Kosten auswirkte. Die beim Erwerb etwas verbaute, in zwei Wohneinheiten unterteilte Struktur wurde geklärt und ganz auf seine Bewohner, eine vierköpfige junge Familie, abgestimmt. Im Erdgeschoss schuf ein Durchbruch einen einzigen großen Wohn- und Essbereich mit Durchblick von der Eingangs- bis zur Gartenseite. Letztere erhielt eine über zwei Geschosse reichende Verglasung, die den Essplatz und auch das neu geschaffene Arbeitszimmer im Untergeschoss, das früher ein reiner Keller war, in den Wohnbereich einbezieht.

Bewährtes bewahren, Qualitäten hinzufügen – Die zur Erbauungszeit sehr stimmig gestaltete Straßenfassade wurde weitestgehend wieder hergestellt, die alte Eichentüre ebenso wie die meisten Innentüren und Dielenböden wurden aufgearbeitet, das heißt abgeschliffen und neu geölt. Die wunderschöne Treppe einschließlich Geländer und Handlauf stammt ebenfalls noch von 1936. Zu den Eiche-Oberflächen passt die moderne, anthrazitfarbene Küche sehr gut. Im Obergeschoss wohnen die Kinder, ganz oben wurde der Dachspitz in das Elternschlafzimmer einbezogen. Die sichtbare Dachkonstruktion und das somit vergrößerte Volumen schaffen ein außergewöhnliches Raumerlebnis. In jedem Detail merkt man die Begabung der Eigentümer fürs Gestalten – nicht ganz zufällig, ist die Bauherrin studierte Designerin.

1 *Im Erdgeschoss entstand beim Umbau ein von der Eingangs- bis zur Gartenseite durchgesteckter Wohn- und Essraum. Links der Durchgang zur Küche.*

2 *Die Straßenfassade wurde nach historischem Vorbild rückgebaut. Die Holzfenster haben eine Dreifachverglasung, das Dach erhielt eine Aufsparrendämmung.*

3 *Blick in den Wohnbereich und den Eingangsflur*

1

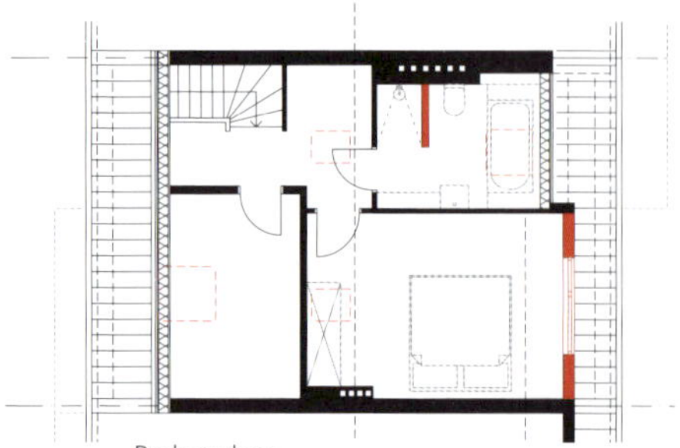

Dachgeschoss

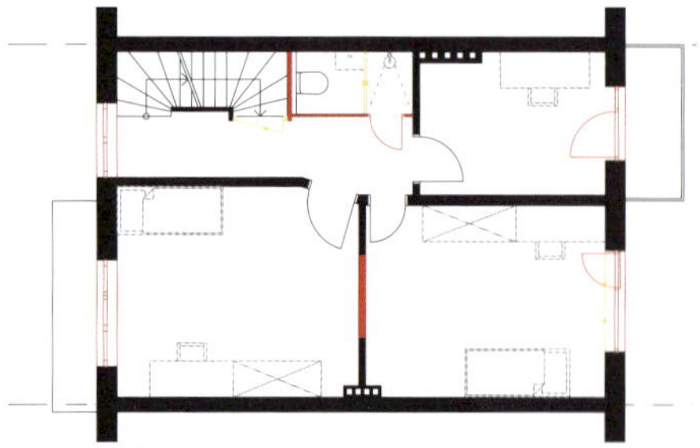

Obergeschoss

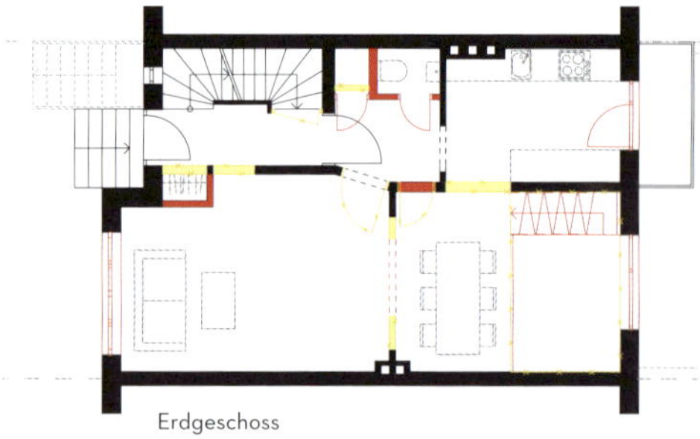

Erdgeschoss

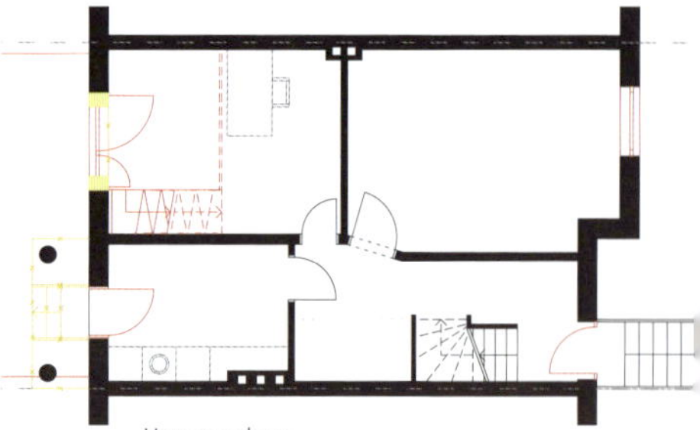

Untergeschoss

WICHTIGE BAUDATEN

Standort: Bremen
Ursprüngliche Erbauungszeit: 1936
Umbauzeitraum: 2012–2013 (8 Monate)
Grundstücksgröße: 138 m²
Wohnfläche: nach Umbau 118 m²
zuzüglich 47 m² Nutzfläche im UG
Bruttorauminhalt (BRI):
nach Umbau 620 m³
Energiekonzept: Gasbrennwerttherme
Gesamtkosten: keine Angaben

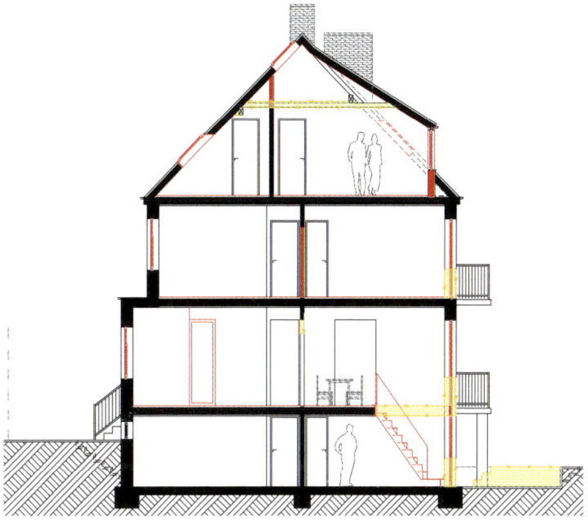

Schnitt

1 *Die monochrome Küchenzeile wirkt stimmig mit den Eichendielen zusammen; rechts die Fenstertüre zum Balkon*

2 *Der Essbereich an der Galeriekante fungiert als zentraler Familientreffpunkt.*

3 *Von der Galerie führt eine Raumspartreppe zum Arbeitszimmer und zum Garten.*

4 *Gartenfassade mit Außentreppe*

MEHR FREIRAUM IM FAMILIENHEIM

Aufstockung eines 1970er-Jahre-Hauses

DAS WURDE GEMACHT

- Teilaufstockung eines 70er-Jahre-Einfamilienhauses
- Sanierung und Dämmung der Außenwände und des Dachbereichs, neue Verschalung mit Holz
- Anpassung des Grundrisses

Vor einigen Jahrzehnten errichtete Gebäude haben, auch wenn sie in der Substanz grundsätzlich intakt sind, fast immer Schwächen hinsichtlich des Energieverbrauchs. Auch bei diesem Split-Level-Haus im Süden von München war dies der Fall, wobei als weiteres Problem die beschränkte Wohnfläche hinzukam. Mit ihren zwei noch recht kleinen Kindern wünschte sich das Bauherren-Ehepaar zusätzliche, vom übrigen Raumzusammenhang und vom Familientrubel etwas abgesetzte Bereiche für den Aufenthalt und zum Arbeiten. Die Erweiterung und die energetische Optimierung verband das Team von Architekt Stephan Maria Lang in einem Gesamtkonzept.

Mehr Wohnqualität durch Aufstockung
Da sich ein Anbau im Garten aufgrund der geringen Abstandsflächen zu den Nachbargrundstücken nicht realisieren ließ, beschloss man, in die Höhe zu planen. Der zuvor eingeschossige, bungalowähnliche Baukörper mit den Funktionen Wohnen, Essen und Kochen wurde mit einem zusätzlichen Geschoss in Holztafelbauweise aufgestockt. Mittels Vor- und Rücksprüngen wird der neue, über große Glasflächen zum Außenraum geöffnete Raum strukturiert und in eine Aufenthalts- und eine Arbeitszone unterteilt. Die Erhöhung des Treppenhauses schenkt dem bereits vorher zweigeschossigen Gebäudeteil mit den Schlafzimmern zuvor nicht gekannte Großzügigkeit.

Neues Erscheinungsbild und energetische Effizienz – Im Zuge der Umbauarbeiten wurden die Dächer saniert, alle Außenoberflächen mit ökologischer Holzwolle gedämmt und die Fassaden einheitlich mit einer Verkleidung aus vertikal angeordneten Holzleisten versehen. So entstand ein neues, spannendes Gesamtbild aus versetzten Kuben, das im Zusammenspiel mit dem seit Jahrzehnten eingewachsenen Garten optimal zur Geltung kommt.

1 *Aufgestockter Wohnraum mit Blick auf die Dachterrasse*

2 *Nordfenster mit Sideboard; links der Durchgang zur Treppe*

1 *Dachterrasse (vor der Begrünung)*

2 *Blick auf das Bestandswohnzimmer mit neuem Dach und Aufstockung*

3 *Gartenansicht mit neuer Fassade; rechts der aufgestockte Gebäudeteil*

4 *Blick auf die Schreibtischecke des neuen Wohnzimmers*

Obergeschoss

Erdgeschoss

WICHTIGE BAUDATEN

Standort: bei München
Ursprüngliche Erbauungszeit: 1970er-Jahre
Umbauzeitraum: 2017 (5 Monate)
Grundstücksgröße: 975 m²
Wohnfläche Aufstockung: 25 m²
Bruttorauminhalt (BRI) Aufstockung: ca. 120 m³
Energiekonzept: Gasbrennwerttherme (Bestand)
Gesamtkosten Umbau brutto: ca. 180.000 Euro zuzüglich Architektenhonorar

3

4

KLEINE LÖSUNG, GROSSE WIRKUNG

Schonender Umbau eines 70er-Jahre-Bungalows

DAS WURDE GEMACHT

- Umbau und Sanierung eines Bungalows von 1971
- Anpassung des Grundrisses

Weniger ist mehr: Dieses Mies van der Rohe zugeschriebene Diktum gilt ganz besonders für den Umgang mit Altbauten, die bereits zur Erbauungszeit stimmig gestaltet waren. Hier bedarf es nicht immer eines ganz großen Wurfs, sondern manchmal viel eher Bauherren und eines Planers mit Feingefühl, um das vorhandene Gute stärker herauszuarbeiten und punktuell Verbesserungen einzubringen. Bei dem 1971 errichteten Bungalow in Hamburg gelang dies auf das Beste.

Neues Raumempfinden durch wenige Kunstgriffe – Die Eigentümer waren mit ihrem Haus an sich zufrieden, vermissten aber eine gewisse Großzügigkeit. Architekt Matthias Mecklenburg löste dies zum einen durch die Entfernung einer Trennwand zwischen Kochen und Essen, die durch einen neuen Küchentresen ersetzt wurde, und zum anderen durch die Schaffung eines »Fensters« zwischen Ess- und Wohnbereich. Beide Maßnahmen haben den positiven Effekt, dass die Beziehungen zwischen den Teilräumen als offener, durchgängiger und damit angenehmer wahrgenommen werden. Zudem kann sich das Licht so besser im Haus verteilen, und es entstehen neue Blickachsen. Das heute insgesamt lichtere Ambiente erreichte man nicht zuletzt auch durch die weißen Putzoberflächen und den neu verlegten Natursteinboden aus hellem Travertin. Der einheitliche Belag lässt den Raumzusammenhang noch einmal größer erscheinen. Bei der Farbigkeit der Innenraumgestaltung orientierte man sich am äußeren Erscheinungsbild, das durch dunkle Holzoberflächen und weiße Wandflächen geprägt war. Die Vertiefung einiger Fenster zu Fenstertüren im Untergeschoss schuf hier eine bessere Durchgängigkeit zwischen Innenraum und Garten.

Energie und Kosten sparen durch gezielte Eingriffe – Das zweischalige Außenmauerwerk blieb erhalten, erhielt aber neue Fenster und Schiebetüren mit dreischeibiger Wärmeschutzverglasung, die bedeutende Verbesserungen hinsichtlich der Wärmedämmung und Luftdichtigkeit brachten. Das Schlafzimmerfenster auf der Ostseite wurde zur Fenstertüre vertieft, um einen direkten Zugang zum Garten zu schaffen. Zudem erneuerte man die komplette Elektrik sowie sämtliche Wasser- und Abwasserleitungen.

1–2 *Außenansichten des Bungalows im heutigen Zustand. Das klare schwarz-weiße Farbkonzept wurde beibehalten.*

1

2

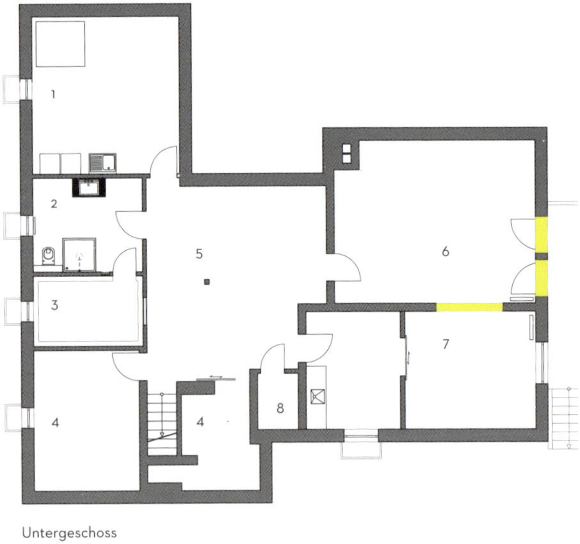

Untergeschoss

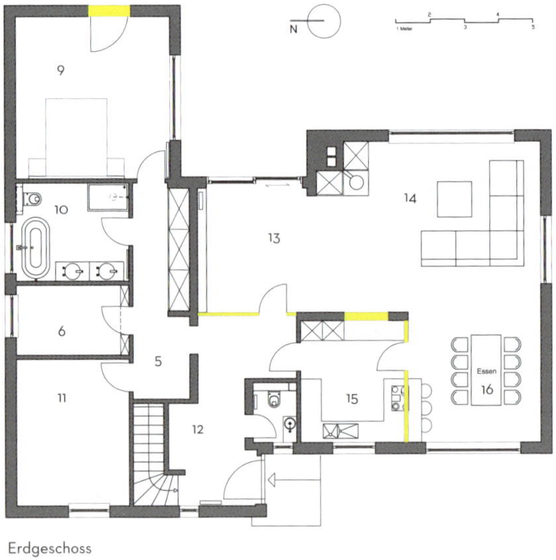

Erdgeschoss

1 Haustechnik
2 Gästebad
3 Sauna
4 Keller
5 Flur
6 Büro
7 Gästezimmer
8 Abstellraum
9 Eltern
10 Bad
11 Kind
12 Diele
13 Bibliothek
14 Wohnen
15 Kochen
16 Essen

WICHTIGE BAUDATEN

Standort: Hamburg
Ursprüngliche Erbauungszeit: 1971
Umbauzeitraum: 2006 (5 Monate)
Grundstücksgröße: 924 m²
Wohnfläche: vor/nach Umbau 145 m²
Bruttorauminhalt (BRI): vor/nach Umbau 936 m³ (mit Keller)
Energiekonzept: Gasbrennwerttherme
Gesamtkosten brutto: ca. 170.000 Euro

1 *Schwarz und Weiß als Leitfarben auch im nun völlig durchgängigen Wohn-, Ess- und Kochbereich*

2 *Wohnraumdetail*

3 *Sitzecke mit bildartigem Fenster*

4 *Im Schlafzimmer*

5 *Neu gestaltetes Bad mit frei stehender Wanne und Gartenblick*

2

3

4

5

KLINKERHAUS MIT GROSSZÜGIGEM ANBAU

Umbau und Erweiterung eines Einfamilienhauses

DAS WURDE GEMACHT

- Umbau und Erweiterung eines Einfamilienhauses aus den 1930er-Jahren
- Neuordnung des Grundrisses auf allen Wohnebenen, Einbau einer neuen Küche und neuer Badezimmer
- Ersatz eines bestehenden Anbaus aus den 1960er-Jahren durch einen neuen Anbau
- Ersatz der bestehenden Dachgaube

Wohngebäude mit Sichtklinker- oder Sichtziegelmauerwerk gehören vor allem im Norden, aber auch in weiten Teilen West- und Ostdeutschlands zum Straßenbild. Vor allem in den 1920er- und 1930er-Jahren entstanden viele villenartige Einfamilienhäuser mit Klinkerfassade und steiler Dachneigung, so auch in Hamburg. Im vorliegenden Fall waren die Bausubstanz des Gebäudes in gutem Zustand und das Fassadenbild weitestgehend intakt, der Schwerpunkt lag daher auf der Optimierung des Grundrisses, der Aufwertung der Innenraumqualität und dem Ersatz baufälliger oder nicht mehr zeitgemäßer baulicher Elemente.

Gemeinsame Bereiche neu geordnet – Als Ersatz für eine in den 1960er-Jahren angefügte, mittlerweile bautechnisch und energetisch nicht mehr zeitgemäße Erweiterung, die vollständig abgebrochen wurde, entstand ein Ersatzbau mit komplett verglaster Südseite, die sich zur ebenfalls erneuerten Holzterrasse und zum Garten öffnet. Hier befindet sich der große Wohnraum. Küche und Essbereich, die neu gestaltet worden sind, und ein mittels Schiebetüre abzutrennender Raum, der bisher den Kindern zum Spielen diente, komplettieren den Aufenthaltsbereich im Erdgeschoss. Hier befindet sich ferner ein Gästebereich. Dem Ganzen vorgeschaltet ist ein Entree, das mit einem sondergefertigten Einbau- und Sitzmöbel und mit handgedruckten Tapeten von Susanne Thurn ausgestattet worden ist. Seitlich des Raumteilers führt die vorbildlich aufgearbeitete alte Treppe ins Obergeschoss.

Platz schaffen für die Familie – Um den Raumbedarf für die aktuell vier Kinder und die Eltern zu decken und annähernd gleich große Kinderzimmer schaffen zu können, mussten im Obergeschoss mehrere Innenwände versetzt werden; Badezimmer und WC erhielten ebenfalls einen neuen Zuschnitt und eine komplett neue Ausstattung. Unter dem Dach schuf man einen weiteren Gästetrakt und, ganz oben, einen offenen Arbeitsbereich. Im Zusammenhang mit dem Ersatz der alten Gaube wurde das Dach energetisch optimiert. Die Heizungsanlage wurde durch eine neue Gasbrennwerttherme mit Solarunterstützung ersetzt und die gesamte sonstige Haustechnik erneuert. Alle Fenster sind durch Dreifachverglasungen ersetzt, der Hohlraum im zweischaligen Mauerwerk ist mit Zelluloseflocken gedämmt worden.

1 *Neues Wohnzimmer im Anbau mit Ausblick in den Garten*

2 *Gartenansicht von umgebautem Haus und Erweiterung. Die Kupferverblechung von Anbau und neuer Dachgaube lässt ihre Entstehungszeit ehrlich erkennen, stellt dabei aber gestalterische Harmonie mit dem Bestand her.*

3 *Sitzecke im Anbau mit grauer Wandscheibe, weißem Sideboard und seitlichem Gartenzugang*

1

2

3

1

2

3

1 *Multifunktionaler Raum im Erdgeschoss, bisher als Kinderspielbereich genutzt.*

2 *Blick über den Küchentresen durch das Erdgeschoss. Rechts der Zugang zum Anbau.*

3 *Küche und Essplatz mit Durchblick zum Entree*

4 *Im Dachspitz*

5 *Perfekt gestaltetes Entree mit eingepasster Sitzbank und handbedruckter Tapete von Susanne Thurn. Links die Treppe zum Obergeschoss, rechts der Durchgang zum Ess- und Kochbereich.*

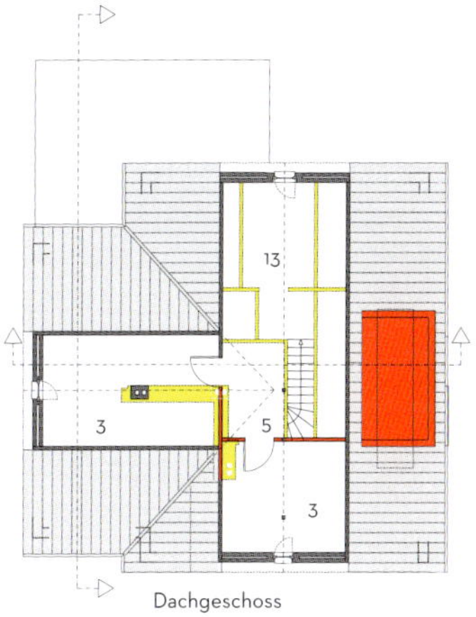

Dachgeschoss

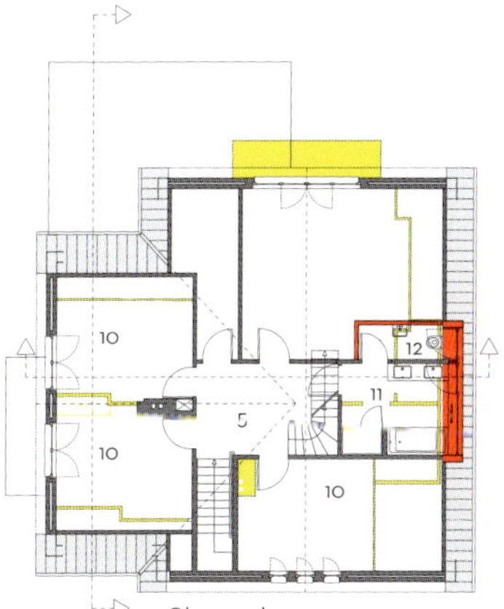

Obergeschoss

1 Wohnzimmer
2 Spielzimmer
3 Gästezimmer
4 Küche/Essen
5 Flur
6 Diele
7 Windfang/Garderobe
8 Gästebad
9 Abstellraum
10 Kinderzimmer
11 Bad
12 WC
13 Arbeitszimmer

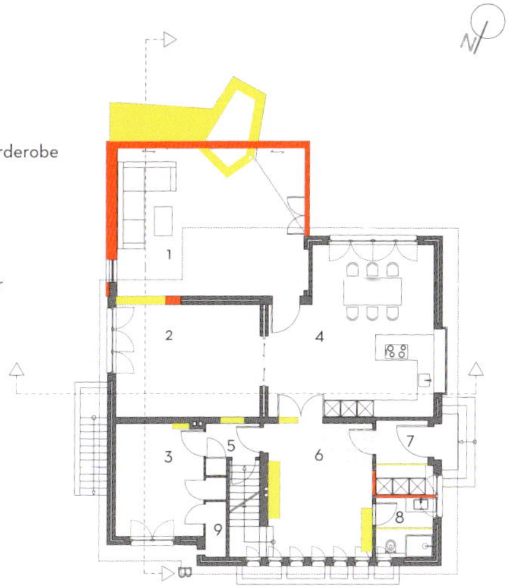

Erdgeschoss

WICHTIGE BAUDATEN

Standort: Hamburg
Ursprüngliche Erbauungszeit: 1930er-Jahre
Umbauzeitraum: 2013 (7 Monate)
Grundstücksgröße: ca. 600 m²
Wohnfläche:
vor/nach Umbau 246 m²/272 m²
zuzüglich 136 m² Nutzfläche im Untergeschoss
Bruttorauminhalt (BRI): vor/nach Umbau
1030 m³/1155 m³
Energiekonzept: Gasbrennwerttherme
Gesamtkosten brutto: ca. 330.000 Euro

SENSIBEL ERWEITERT UND SANIERT

Ein Anbau zum Garten

DAS WURDE GEMACHT

- Erweiterung eines Einfamilienhauses aus den 1970er-Jahren
- Neuordnung des Grundrisses durch zwei große Durchbrüche zwischen Bestand und Anbau, Anschluss der Erweiterung in Split-Level-Struktur
- Energetische Sanierung des Altbaus, Sanierung der Bäder und Haustechnik

Auf einem großen, parkähnlichen Grundstück südöstlich von Hamburg sollte ein Einfamilienhaus aus den 1970er-Jahren zeitgemäße Wohnqualität erhalten. Wichtigster Aspekt war die Erweiterung des zuvor etwas beengt wirkenden Erdgeschosses durch einen Anbau in zeitgemäßer Formensprache und eine vorsichtige Angleichung von Haupt- und Nebengebäude.

Ein völlig neues Wohngefühl – Das Erdgeschoss erschien den Eigentümern sowohl zu klein als auch zu dunkel. Architekt Matthias Mecklenburg schuf Abhilfe, indem er nach Südosten eine etwas über 50 Quadratmeter große Erweiterung andockte, die eine vorher nicht gekannte Großzügigkeit schuf. In Split-Level-Manier um einige Stufen gegenüber dem restlichen Erdgeschossniveau eingetieft, öffnet sich der großflächig verglaste Anbau nun zu Terrasse und Garten. Von Süden erhellen die Sonnenstrahlen, auch dank großer Wanddurchbrüche zwischen den anderen Funktionen, nun den gesamten Wohnbereich. Vor Überhitzung schützen Holzlamellen-Schiebeläden, die die gesamte Südfassade beschatten und beliebig verschoben werden können. Im Bereich des Altbaus wird nun gekocht, gefrühstückt, gelesen und musiziert, im Anbau entstanden ein großer Essplatz und eine Entspannungsecke. Der Altbau wurde zudem durch eine Außenwand- und Dachdämmung mit Neueindeckung, die teilweise Erneuerung der Haustechnik und der Bäder auf den aktuellen Stand gebracht.

1 *Gesamtansicht auf der Gartenseite mit Erweiterung*

2-3 *Ansichten des Anbaus, dessen große Verglasungen nach Süden vollständig durch Schiebeläden verschlossen werden können.*

1

2

3

1

1 Blick vom Anbau in den Garten

2 Die Erweiterung liegt um einige Treppenstufen tiefer als der Bestand, was ihr gewisse Intimität verleiht. Der Kamin wirkt als Raumteiler und lässt sowohl den Wohn- als auch den Essbereich am Feuer teilhaben.

3 Blick vom Wohn- zum Essbereich im Anbau mit optimalem Gartenblick.

WICHTIGE BAUDATEN

Standort: bei Hamburg
Ursprüngliche Erbauungszeit Altbau: 1970er-Jahre
Umbauzeitraum: 2014
Grundstücksgröße: ca. 2600 m²
Wohnfläche: vor/nach Umbau 212 m²/263 m²
Bruttorauminhalt (BRI): vor/nach Umbau 1064 m³/1211 m³ (mit Keller)
Energiekonzept: Gasbrennwerttherme
Gesamtkosten brutto (Erweiterung): ca. 195.000 Euro

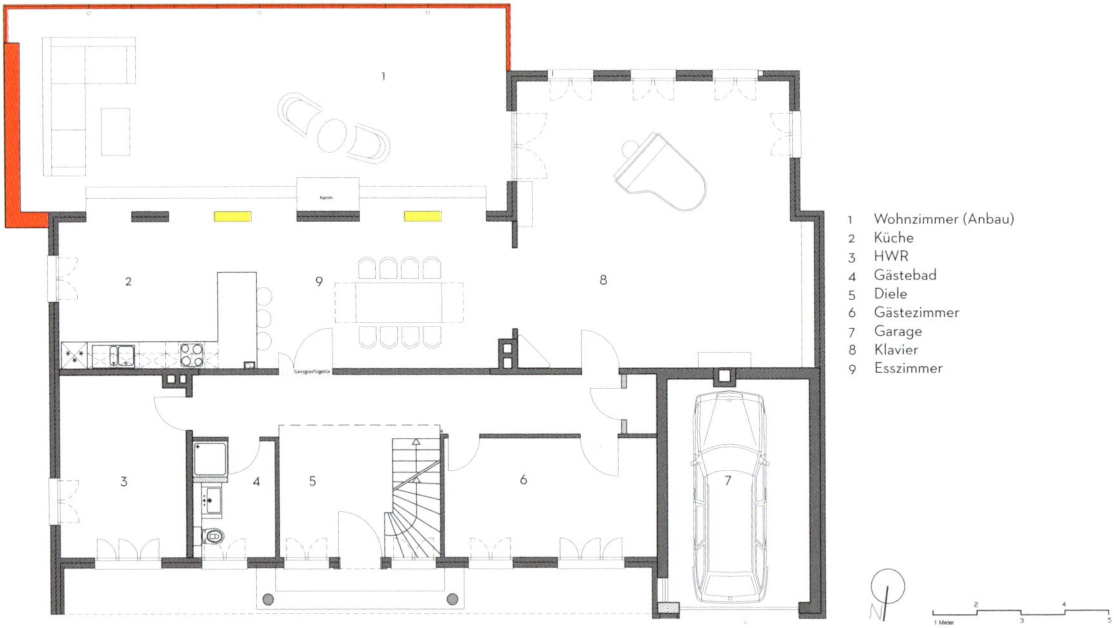

Erdgeschoss

2

3

NEUER WOHNWERT IM EINFAMILIENHAUS

Erweiterung und Anpassung eines Einfamilienhauses aus den 1930er-Jahren

DAS WURDE GEMACHT

- Erweiterung und Teilumbau eines frei stehenden Einfamilienhauses von 1938
- Neuordnung des Erdgeschossgrundrisses

Vorher

Die erste und entscheidende Frage bei der Vorbereitung von Umbaumaßnahmen ist die nach dem Warum. Je genauer die Bauherrschaft weiß, was sie sich von ihnen erwartet, desto genauer kann der Planer darauf reagieren. Dem Einfamilienhaus aus dem Jahr 1938, wegen der charakteristischen Form dem Typus der »Kaffeemühle« zugeschrieben, fehlten eindeutig größere Fensterausschnitte, um den Innenraum besser belichten zu können und um einen schönen Ausblick in den Garten zu ermöglichen. Zudem erschien gerade das Erdgeschoss als gemeinsamer Hauptaufenthaltsbereich allen Bewohnern als ein bisschen zu klein.

Klare Vorgaben, ideale Umsetzung – Das Ziel war klar definiert, jedoch stellte sich die nicht ganz leichte Aufgabe, dieses zu erreichen ohne die intakte historische Fassadengestalt zu zerstören. Die Lösung bestand für Architekt Martin A. Müller darin, anstatt an vielen Stellen Fenster zu verändern, die Gesamtgestalt an einer Stelle aufzubrechen und durch einen gleichsam eingeschobenen Baukörper in bewusst moderner Formensprache zu ergänzen. Großflächig verglast sowie mit grauen Holzwerkstoffplatten verkleidet, setzt sich das Neue deutlich vom Bestand ab. Der so an den Bestand angedockte, über sechs Stufen vom Gartenniveau aus zu erreichende Glaskasten ist zugleich transparentes Entree und, durch eine gläserne Wand auch energetisch separiert, ins Grüne vorgeschobener gläserner Erker. Das Wohngeschoss wird auf diese Weise um eine großzügige, vom Architekten entworfene Essecke und Lounge erweitert, die mittels Durchbrüchen erzielte Offenheit schuf neue Durch- und Ausblicke. Koch- und Essbereich bilden eine bis in den Anbau durchgesteckte räumliche Einheit.

1–2 *Der neue Anbau wirkt als einladender Leuchtkörper. Das schützende Dach nimmt die Linien der Kubatur auf und beschirmt den Gartenzugang.*

3 *Gesamtansicht des Hauses mit dem »gläsernen« Anbau*

1

2

3

Erdgeschoss

WICHTIGE BAUDATEN

Standort: Hannover
Ursprüngliche Erbauungszeit: 1938
Umbauzeitraum: 2014 (6 Monate)
Grundstücksgröße: 778 m²
Wohnfläche: nach Umbau ca. 160 m², davon Um-/Anbau 42 m²
Bruttorauminhalt (BRI): nach Umbau gesamt ca. 560 m³, davon Um-/Anbau 148 m³
Energiekonzept: Gasbrennwerttherme, Holzscheitofen
Heizenergiebedarf/Jahr nach Umbau: 64 kWh/m²a
Gesamtkosten: keine Angaben

1 *Küche und Esstisch, dessen Bein aus einem Ast des eigenen Apfelbaums hergestellt wurde*

2 *Die Erweiterung schuf einen wunderbaren Gartenblick und trägt mit dem Koch-/Essbereich das »Herz« des Hauses nun gleichsam nach außen.*

3 *Sitzecke direkt am großen Fenster des Anbaus*

HOFENSEMBLE MIT TRAUMGARTEN

Erweiterung und Umbau einer Doppelhaushälfte

DAS WURDE GEMACHT

- Sanierung, Umbau und Erweiterung eines Siedlerhauses aus den 1930er Jahren
- Dämmung der Außenwände und des Daches, teilweiser Neuaufbau der Giebelwände
- Neuordnung des Grundrisses im Altbau durch Entfernung der Innenwände

Siedlerhäuser, die zumeist aus den 1930er-Jahren stammen, besitzen häufig große Grundstücke und Gärten, die Raum für eine Nachverdichtung bieten. Beim vorliegenden Bauprojekt der fünfköpfigen Familie war dies von besonderem Vorteil, da die bestehende Doppelhaushälfte mit ihren etwa 81 Quadratmetern Wohnfläche sehr klein war. Zusammen mit den Architekten Jakob Pittroff und Alexandre Liberato entschied man sich für eine Erweiterung, die die Dachneigung und die Kubatur der Ursprungsbebauung übernimmt und sich perfekt zum Bestand fügt.

Geschickt gestaffelt – Durch die versetzte Anordnung der neuen Baukörper wirken diese ungeachtet ihres im Vergleich zum Altbau deutlich größeren Raumvolumens stimmig. Nach Norden entstand eine geschützte Atriumsituation um die Terrasse. Die Sonnenstrahlen erreichen durch die räumliche Stellung der Baukörper und die Eingeschossigkeit des Eingangs- und Verbindungsbaus, der alte Durchfahrtssituationen zitiert, im Sommer die nordseitige Terrasse.

Neuer Lebensmittelpunkt – Das Siedlerhäuschen musste einschließlich des Kellers von außen gedämmt werden, die Wand zum Nachbarn wurde zur Verbesserung des Schallschutzes ebenfalls gedämmt. Auf dem Dach befinden sich nun sehr gut in die Fläche integrierte Solarkollektoren, die zusammen mit einer neuen Gasbrennwerttherme die Energie- und Warmwasserversorgung von Alt und Neu sichern. Während im Altbau ein Büro, ein Spielbereich für die Kinder, ein Badezimmer und unter dem Dach das Zimmer des erwachsenen Sohns Platz gefunden haben, spielt sich das Wohnen im neuen Teil ab. Das Erdgeschoss ist mit Kochen, Essen und Wohnen als Einraum konzipiert, ein Ofen-Kubus mit schwarz durchgefärbten Kacheln fungiert als Raumteiler. Durch die gestaffelte Gebäudeanordnung und die sehr gut angeordneten, nach Süden ausgerichteten Fenster fällt reichlich Licht in den Raum. Der lange Küchenblock dient als Arbeitsbereich oder für das schnelle Essen zwischendurch.

Bewusst rau und einfach – Ungeachtet der hohen Wohnqualität ist es den Planern gelungen, den im besten Sinne einfachen Charakter des Ursprungsbaus zu erhalten und auf den Neubau zu übertragen. So sind die Oberflächen in den Räumen unter dem Dach mit Sperrholzplatten bekleidet, die man ansonsten oft für die Vorausbaustufe einsetzt. Die reizvolle Maserung harmoniert bestens mit dem Innenraumambiente.

Gelebte Gartenleidenschaft – Bereits im natürlich angelegten Vorgarten, aber auch bei der Anlage der Beete um die Terasse wird deutlich, dass die Bauherrin ein ausgeprägtes Gefühl für Gartengestaltung besitzt. Den Eigentümern war es zudem wichtig, den großenteils aus der Bauzeit erhaltenen Obstbaumbestand zu bewahren.

1 *Blick durch das Erdgeschoss der Erweiterung*

2 *Ansicht der Erweiterungsbauten vom Garten; rechts der Zwischenbau*

3 *Straßenansicht. Links das sanierte und umgebaute Bestandsgebäude mit Solarpaneelen auf dem Dach*

1 *Wohnbereich im Neubau*

2 *Küche mit Tresen und Durchblick zum Eingangsflur sowie Übergang in den Altbau*

WICHTIGE BAUDATEN

Standort: Augsburg
Ursprüngliche Erbauungszeit: 1930er-Jahre
Umbauzeitraum: 2015–2016 (12 Monate)
Grundstücksgröße: 997 m²
Wohnfläche: Bestand vor Umbau 81 m², gesamt nach Umbau/Erweiterung 245 m²
Energiekonzept: Gasbrennwerttherme mit Solarthermie, Holzscheitofen
Gesamtkosten: keine Angaben

Erdgeschoss

1 Bad
2 WC
3 Kaffeeküche
4 Arbeiten
5 Eingang
6 Wohnen/Essen/Kochen
7 Lager
8 Gästezimmer
9 Dachterrasse
10 Zimmer
11 Ankleide

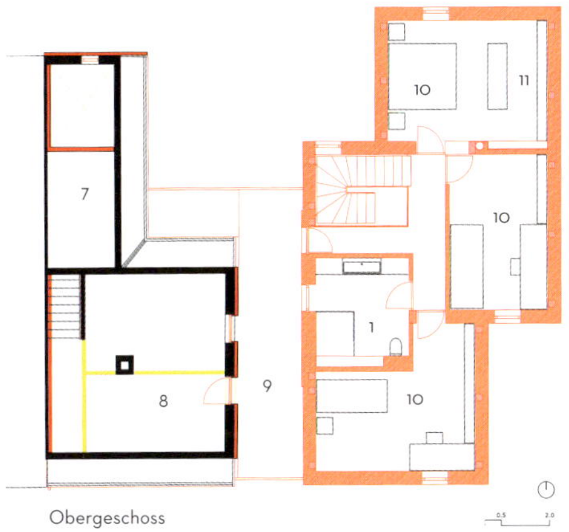

Obergeschoss

3 *Obergeschoss des Neubaus mit neuem Bad-Kubus*

4 *Elternschlafzimmer*

5 *Schlafzimmer des erwachsenen Sohns im Dachbereich des Altbaus*

6 *Neues Bad im Altbau*

BESCHEIDEN UND AUSSERGEWÖHNLICH

Erweiterung und Umbau eines Siedlerhauses

DAS WURDE GEMACHT

- Umbau eines Siedlerhauses von 1957
- Anpassung des Grundrisses
- Giebelseitige Erweiterung
- Energetische Sanierung

Siedlerhäuser können mit ihrer zumeist einfachen, schlichten Kubatur in der Bauweise Erdgeschoss plus Dachgeschoss und ihrer Kompaktheit als Sinnbilder des im besten Sinne bescheidenen Bauens gelten. In diesem Fall werden die formalen Vorzüge noch ergänzt durch die der regionalen Baukultur, die weitgehend ohne Dachüberstände auskam. All dies diente Jakob Pittroff, Alexandre Liberato und Eike Grossmann von PitLibermann als Blaupause, vor deren Hintergrund sie ihr ebenso zurückhaltendes wie überzeugendes Umgestaltungskonzept entwickelten.

Harmonisch anders – Die Auftraggeber wünschten sich vom Architekten zusätzlichen Raum zum Arbeiten und Leben und insgesamt einen offeneren Grundriss.
Dazu wurde das Gebäude zunächst einmal auf der östlichen Giebelseite unter voller Ausnutzung der Mindestabstände mit einem Anbau in den Garten hinein verlängert. In Dachneigung, Breite und Kubatur orientiert sich der in Holzbauweise errichtete Neubau ganz am Bestand, zeigt aber durch seine geschlossene Kubatur, seine innen liegende Entwässerung und die Holzleistenschalung deutlich seine Entstehungszeit. Der Altbau erhielt neue Fenster und Gauben, das Dach wurde partiell erneuert, ausgebessert und mit Holzfaser-Produkten ökologisch gedämmt, die Wärmeerzeugung auf Pellets, Solarthermie und eine Holzscheitheizung mit Wassertasche umgestellt.

Mehr Platz, mehr Weite – Der Anbau bietet im Bereich des Erdgeschosses nun Platz für ein Büro und ein Schreibzimmer sowie, unter dem Dach, für ein Schlafzimmer. Arbeits- und Wohnbereich, also Neu und Alt, werden durch in den Wänden verschwindende Schiebetüren je nach Wunsch und Situation verbunden oder separiert. Die Entfernung einer Trennwand macht nun Wohn- und Essbereich zur Einheit, ermöglicht einen ungehinderten Blick durch das Haus und lässt es insgesamt deutlich großzügiger wirken. Große Fenster mit Zugang zum südseits gelegenen Garten und zur Terrasse sorgen für zusätzliche Helligkeit und optimale Innen-Außen-Beziehungen. Die Küche wurde durch die Herausnahme von Innenwänden ebenfalls vergrößert. Niveaugleichheit zwischen Alt- und Neubau sowie identische Beläge verstärken die visuelle Einheitlichkeit. Im Obergeschoss blieben die Raumzuschnitte des Altbaus unverändert, jedoch gewann man durch die Verlegung des zweiten Schlafzimmers in den Anbau Platz für die Unterbringung eines Gästezimmers.

1 *Ansicht vom Garten*

2 *Detail des Eingangsbereichs*

3 *Ansicht von der Straße*

1

2

3

1

2

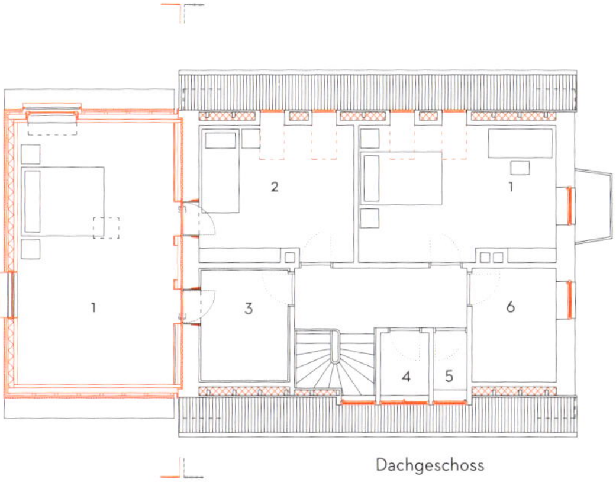

Dachgeschoss

1 Zimmer
2 Gästezimmer
3 Umkleide
4 Kammer
5 WC
6 Bad
7 Arbeitszimmer
8 Schreibzimmer
9 Wohnzimmer
10 Küche

Erdgeschoss

1–2 *Der Wohnbereich im Erdgeschoss ist nun durchgängig und hell. Ein neuer Holzscheitkamin wirkt als Blickfang.*

3 *Mehr Großzügigkeit im oberen Geschoss durch Einbeziehung des Dachspitzes*

WICHTIGE BAUDATEN

Standort: bei Augsburg
Ursprüngliche Erbauungszeit: 1957
Umbauzeitraum: 2013–2014
Wohnfläche: vor/nach Umbau ca. 160 m²
Energiekonzept: Pelletheizung, Solarthermie, wasserführender Holzscheitofen
Gesamtkosten: keine Angaben

UNGEAHNTE MÖGLICHKEITEN

Bewahrender Umbau eines Walmdachbungalows

DAS WURDE GEMACHT

- Umbau eines Walmdachbungalows aus den 1960er-Jahren
- Anpassung der Fassadenöffnungen, Einbau dreischeibiger Verglasungen
- Teilweiser Ausbau des Dachbereichs, Neuordnung des Grundrisses im Erdgeschoss

Manche Bauform hat in der Fachwelt ein schlechtes Image. Dazu zählt ohne Zweifel der Walmdachbungalow, wie er insbesondere in den 1950er- bis 1970er-Jahren entstand – nicht ganz zu Unrecht, denkt man an manches seltsame Gebäude mit ausladenden Überständen, verunglückten Gauben oder nicht nutzbarem Dachraum. Dass auch diese Bauform mit überschaubarem Aufwand mit neuem, zeitgemäßem Leben erfüllt werden kann, belegt dieses Umbaukonzept.

Verändern mit Augenmaß – Vor einigen Jahren übernahmen die Bauherren das elterliche Wohnhaus. Der in den 1960er-Jahren erbaute, winkelförmig angelegte Baukörper genügte hinsichtlich seines Raumvolumens weitgehend ihren Ansprüchen, ihnen ging es primär um die Anpassung an heutige Wohnansprüche und ein großzügigeres Raumgefühl. Dies erreichten die Architekten im Erdgeschoss durch das Herausnehmen von Innenwänden, vor allem aber durch den Ausbau von Verbindungstüren und die Verbreiterung von Durchgängen zwischen Ess- und Wohnbereich. Vorhandene Fensteröffnungen wurden zur Verbesserung der Raumhelligkeit und der Sichtbeziehungen vergrößert beziehungsweise zu Fenstertüren vertieft, wobei durchgehend Holz-Aluminium-Fenster mit dreischeibigen Verglasungen zum Einsatz kamen. Der westliche Gebäudetrakt mit Schlafzimmer, Gästezimmer und völlig neu gestaltetem Bad wurde im Grundriss nur marginal angepasst, aber auch hier wurden durch Anpassungen der Fassadenöffnungen der Blickbezug zum wunderschönen Garten und die Belichtung verbessert.

Mehr Raum für Bücher und Entspannung
Das zuvor unausgebaute Dach konnte genutzt werden, um eine Lese- und Bibliotheksecke für den großen Buchbestand der Eigentümer zu schaffen, die über eine gut begehbare Stahl-Spindeltreppe erschlossen wird. Die steile Neigung des Walmdachs und die großzügige Grundfläche des Dachgeschosses ermöglichten dies, ohne gestalterisch problematische Gauben einzubauen. Ein panoramaartiges Dachfenster über der Schmökerecke bringt viel Licht herein. Nach Aufdoppelung der Sparren wurde nun auf einem vorhandenen, neu geölten Estrich ein bewohnter Bereich mit gedämmtem Warmdach geschaffen, der Dachstuhl wurde dabei unter anderem durch den Einbau einer Firstpfette angepasst. Im unausgebauten Bereich dämmte man die Geschossdecken. Der vielleicht wichtigste Gewinn durch den Dachausbau ist der so entstandene zentrale Luftraum, der horizonale Durchgängigkeit und visuelle Großzügigkeit schafft.

1 *Blick durch den Wohnraum zum Erschließungsbereich mit neuer Spindeltreppe*

2 *Gartenansicht*

1

2

3

1 *Blick durch den Essbereich*

2 *Leseecke im neu ausgebauten Dachbereich*

3 *Der Wohnraum mit dem vergrößerten Fenster und nun schönem Gartenblick*

4 *Badezimmer*

5 *Schlafzimmer*

WICHTIGE BAUDATEN

Standort: bei Augsburg
Ursprüngliche Erbauungszeit: 1950er-Jahre
Umbauzeitraum: 2016–2017 (11 Monate)
Grundstücksgröße: ca. 800 m^2
Wohnfläche: vor/nach Umbau ca. 140 m^2
Energiekonzept: Bestand
Gesamtkosten brutto: ca. 150.00 Euro

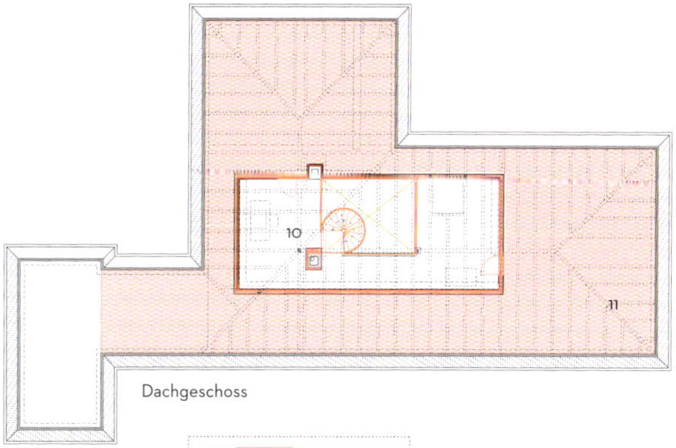

Dachgeschoss

1 Wohnzimmer
2 Esszimmer
3 Küche
4 Bad
5 WC
6 Zimmer
7 Flur
8 Eingang
9 Garage
10 Bibliothek
11 Dachboden

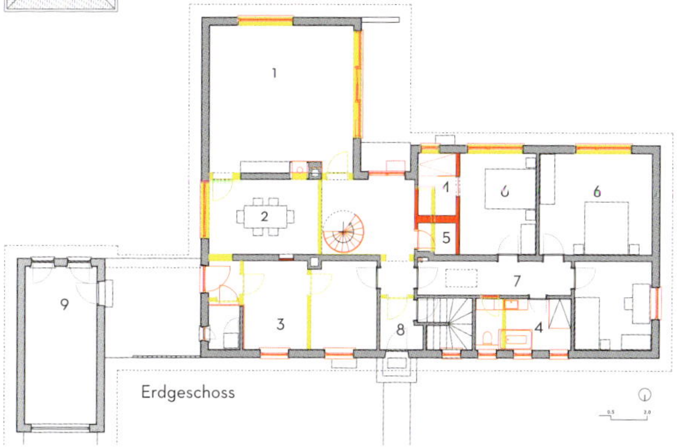

Erdgeschoss

KLASSIKER MIT VIEL POTENTIAL

Umbau, Sanierung und Erweiterung eines Winkelbungalows von 1963

DAS WURDE GEMACHT

- Umbau und energetische Sanierung eines Bungalows aus den 1960er-Jahren, inklusive Dämmung der Außenwände und des Dachs
- Erweiterung durch zwei Anbauten auf der Straßen- und Gartenseite
- Anpassung des Grundrisses

1 *Durchblick von der Büroerweiterung zum Bestandsgebäude*

2 *Gesamtansicht des Winkelbungalows auf der Gartenseite*

3 *Rückwärtiger Zugang zum Grundstück mit dem Erweiterungsbau*

Bungalows aus den 1960er- und 1970er-Jahren gelten heute als Klassiker, strahlen aber nicht immer den Glanz zeitlos schöner Architektur aus. Bei diesem, hoch über dem Starnberger See gelegenen Vertreter seiner Gattung, ein Entwurf des Architekten Peter Buddeberg, lag jedoch durchaus qualitätvolle Architektur vor. Zeitgleich mit zwei weiteren Bungalows und mehreren anderen Wohnhäusern in der Straße erbaut, entstand hier ein richtiggehendes städtebauliches Ensemble.

Stimmigkeit statt Überformung – Aufgrund der vorhandenen Wertigkeiten und mit Blick auf das gesamte Ensemble war es für die Bauherren wie auch für den beauftragten Architekten Martin Schmöller von Anfang an das Ziel, sich bei allen Eingriffen im Hinblick auf Grundgestalt, Fassadengliederung, Farbigkeit und Oberflächen soweit wie möglich am Ursprungszustand zu orientieren. Dies galt für den gleich am Eingang angebauten Elterntrakt und für die gartenseitige, frei stehende Erweiterung. Letztere, multifunktional konzipiert und aktuell als Büro genutzt, bildet mit dem Bestand ein Architekturkontinuum, das durch ein zwischengeschaltetes Wasserbecken und eine Terrasse verbunden ist. Der Neubau bildet gleichzeitig eine optische Begrenzung des Außenbereichs, die so nicht vorhanden war, und verstärkt dadurch die atriumartige Situation.

Moderner Innenraumeindruck – Wichtige Maßnahmen zur Verbesserung der Wohnqualität waren zunächst eine Verbesserung der Belichtung, was man überwiegend durch die Vertiefung vorhandener Fensterausschnitte erreichte, und eine mittels Fenstertüren zum Garten verbesserte Durchgängigkeit. So wie Innen und Außen auf diese Weise zusammenwachsen, klärte man auch die Raumbeziehungen. Essen und Kochen bilden nach der Entfernung einer Zwischenwand nun eine Einheit. Ein neuer Spielflur, der die eher geringe Größe der Kinderzimmer kompensiert und die neue Offenheit nach draußen inszeniert, entstand durch die Aufgabe eines Gästezimmers. Der Essbereich geht offen in den Wohnbereich über, der jedoch in Split-Level-Manier tiefer angelegt ist. Glatte Putzoberflächen harmonieren ideal mit den aufgearbeiteten Holzböden aus Eiche und dem neu eingebauten anthrazit eingefärbten, geschliffenen und gewachsten Estrich. Einbauten aus geölter Eiche, wie bei der vom Architekten entworfenen Essgruppe verwendet, ergänzen sich mit weißen Hochglanzoberflächen der Küche, die das einfallende Licht wirkungsvoll reflektieren.

Anmutung bewahrt, energetisch saniert
Die vorhandene, vor nicht allzu langer Zeit eingebaute Ölbrennwertheizung beließ man im Haus, optimierte aber den Energieverbrauch effizient durch die komplette Dämmung der Außenwände und des Dachs, das dabei vollständig erneuert wurde, sowie den Einbau von Wärmeschutzfenstern und die Verbesserung der Luftdichtigkeit.

1

2

3

1 Blick vom Koch- und Essbereich zum tiefer liegenden Wohnraum und in den Garten

2 Wohnraum mit Kamin. Über einige Stufen geht es hinauf zum Koch- und Essbereich.

3 Essecke mit neuer, vom Architekten entworfener Bank

4 Im Untergeschoss

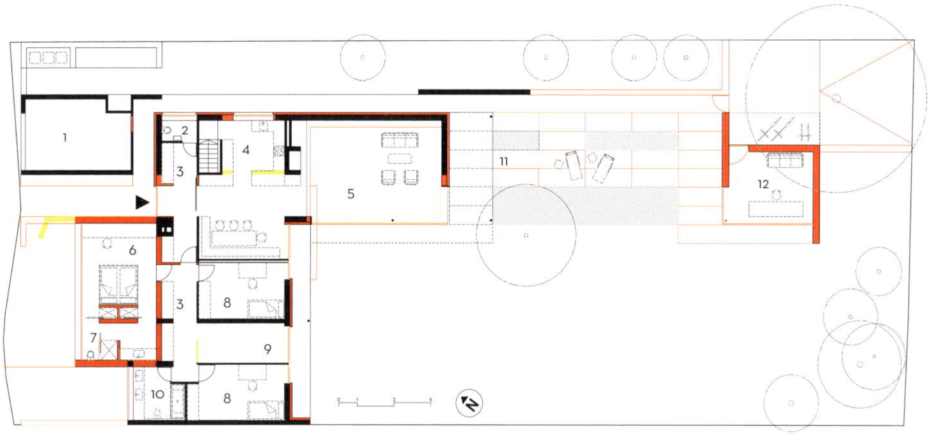

1 Garage
2 WC
3 Flur
4 Kochen/Essen
5 Wohnen
6 Schlafen Eltern
7 Bad Eltern
8 Kinderzimmer
9 Spielzimmer
10 Bad Kinder
11 Terrasse mit Wasserbecken
12 Gartenhaus/Büro
13 Vorratsraum
14 Bad Sauna
15 Hobby
16 Heizung/HWR
17 Sauna
18 Tank
19 Keller

Erdgeschoss

Untergeschoss

WICHTIGE BAUDATEN

Standort: Starnberg (Oberbayern)
Ursprüngliche Erbauungszeit: 1963
Umbauzeitraum: 2009 (8 Monate)
Grundstücksgröße: 991 m^2
Wohnfläche: vor/nach Umbau 208 m^2/236 m^2
zuzüglich 101 m^2/127 m^2 Nutzfläche
Bruttorauminhalt (BRI):
vor/nach Umbau 1050 m^3/1260 m^3
Energiekonzept: Ölbrennwertkessel (Bestand)
Gesamtkosten: keine Angaben

LEBEN AM WASSER

Neuinszenierung eines Ferienhauses aus den 1960er-Jahren

DAS WURDE GEMACHT

- Sanierung und Umbau eines Ferien-Wohnhauses
- Anpassung des Grundrisses

Auf einem Areal am Neuenburgersee im schweizerischen Kanton Fribourg wurde in den 1960er-Jahren direkt am Wasser eine Siedlung mit kleinen Chalets errichtet. Die neuen Eigentümer wünschten sich von ihren Architekten nun vor allem eine stärkere Herausarbeitung des Bezugs zum Wasser, mehr visuelle Größe und auch mehr Stauraum.

Mehr Atmosphäre, mehr Raumqualität
Das Gebäude wurde bereits zur Erbauungszeit auf Betonstützen errichtet und ist so perfekt gegen Hochwasser gefeit. Eine Außentreppe erschließt den Hauseingang im Obergeschoss, von dem man direkt in das gemeinsame Wohngeschoss gelangt. Vor dem Umbau mit einigen geschlossenen Zimmern und Abtrennungen eher kleinteilig strukturiert, gehen Wohnen, Essbereich und die dazu geöffnete Küche nach dem Umbau direkt ineinander über und bieten allesamt den weiten Ausblick auf den See. Hinter einer Leichtbauwand aus Grobspanplatten verbergen sich nun, platzsparend untergebracht, Stauraum und Toilette. Das Schlafzimmer blieb in seinen Abmessungen bestehen, wurde aber mittels eines panoramaartigen Fensterbands auf Liegehöhe nicht nur mit dem Wohnraum verbunden, sondern bietet dadurch auch direkten Ausblick auf das Wasser. Die Brüstung zur Seeseite wurde durch eine filigrane Edelstahlkonstruktion ersetzt. Um die Seeatmosphäre besser herauszuarbeiten, erhielt das große Hebeschiebefenster zur Terrasse einen taubenblauen Anstrich und die vormals sehr rustikal wirkende Wandvertäfelung wurde, wie bei Schiffen üblich, in Weiß Hochglanz gespritzt.

Ausbauen unter Dach – Vorher nur teilweise ausgebaut, wurden im Zuge der Dachdämmung die Dachspitzbereiche in die neu entstandenen Räume einbezogen. So wirken Kinderzimmer, neu geschaffenes Bad und Bürobereich für ihre begrenzte Fläche überraschend großzügig. Stauraum hat man vor allem im Bereich der Dachschrägen geschaffen. Der von der Toilette zum Bad erweiterte Nassbereich wurde mit schwarzen Grobspanplatten abgeteilt. Glasbänder im Überkopfbereich verbessern die Belichtung erheblich.

Auf dem Stand der Zeit – Neben den innenräumlichen Anpassungsmaßnahmen war es auch unabdingbar, die kompletten Außenoberflächen – Boden, Wände und Decken – neu zu dämmen. Die asbesthaltigen Fassadenplatten wurden entsorgt und durch eine Holzschalung ersetzt. So konnte in der Konstruktionsebene gedämmt werden Es wurden eine neue Gasbrennwerttherme sowie eine Photovoltaikanlage zur Stromerzeugung eingebaut, die etwa 20 Prozent des benötigten Stroms erzeugt.

1 *Blick vom Balkon in den Wohnraum bei geöffneter Schiebetüre*

2 *Ansicht des Hauses von der Seeseite*

3 *Außergewöhnlicher Blickfang: Garderobe aus alten Holzpaddeln*

1

2

3

1

2

3

WICHTIGE BAUDATEN

Standort: am Neuenburgersee (Kanton Fribourg, Schweiz)
Ursprüngliche Erbauungszeit: 1960er-Jahre
Umbauzeitraum: 2013 (8 Monate)
Grundstücksgröße: 95 m²
Wohnfläche: vor/nach Umbau 110 m² zuzüglich 23 m² Terrasse
Bruttorauminhalt (BRI): vor/nach Umbau 465 m³
Energiekonzept: Gasbrennwerttherme und Photovoltaik
Gesamtkosten: keine Angaben

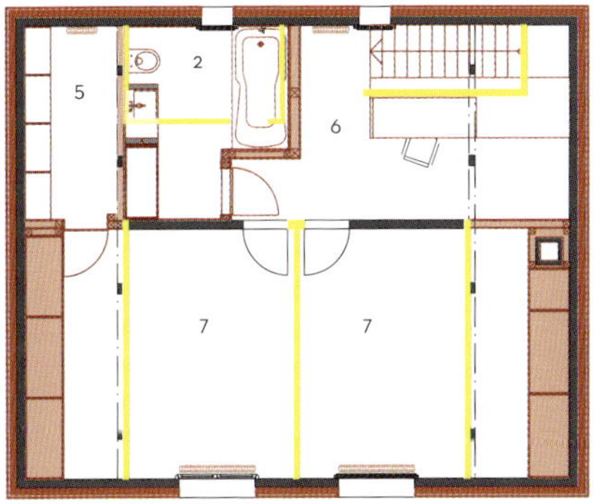

1 Schlafen
2 Bad
3 Küche
4 Wohnen
5 Abstellraum
6 Diele
7 Kinderzimmer

Obergeschoss

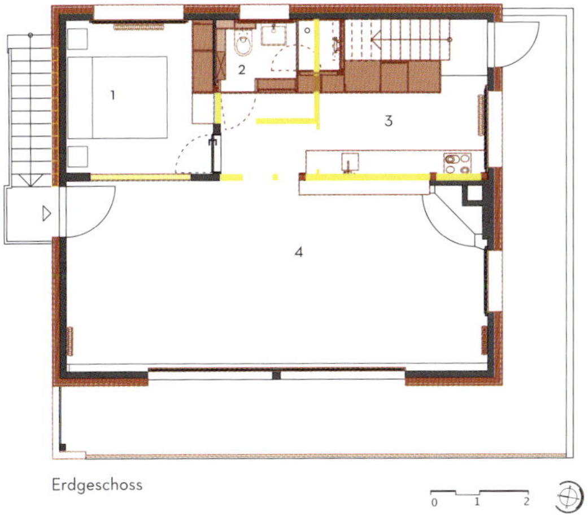

Erdgeschoss

1 Großzügiger Raumeindruck bei begrenzter Fläche: Blick über den Ess- zum Wohnbereich. Hinten die geöffnete Eingangstüre, rechts der Zugang zum Elternschlafzimmer.

2 Ein auf Betthöhe eingepasstes, bandartiges Fenster stellt die Blickbeziehung zwischen Schlafen, Wohnen und See sicher.

3 Die Essecke

4–5 Die Zimmer der Kinder unterm Dach

DOPPELHAUSHÄLFTE MIT AUSSTRAHLUNG

Historisches Stilempfinden und moderner Komfort

DAS WURDE GEMACHT

- Sanierung eines Reiheneckhauses von 1925
- Wiederherstellung und punktuelle Überarbeitung der historischen Fassadengestalt
- Komplette Erneuerung der Haustechnik

Vorher

Im Jahr 1925 von Architekt Hermann Liersch im historistischen Stil errichtet, macht die Doppelhaushälfte nach der Sanierung schon von Weitem durch ihren polygonalen Eckerker und ihre brombeerähnliche Fassadenfarbe auf sich aufmerksam.

Atmosphäre durch Bewahrung – Wie praktisch alle Oberflächen und baulichen Elemente im Haus wurde der Farbton des Silikatanstrichs der Fassade nach historischem Befund ausgewählt. Im Innenraum kamen zur Entstehungszeit verwendete Kalkputze und Kalk-Kasein-Anstriche zum Einsatz. Die Traufgesimse wurden ebenso wie die Fensterbänke restauriert, die erhaltenen Holzfenster, Innentüren und die Treppe aufgearbeitet. Einen besonderen Blickfang bildet der ebenfalls nach altem Vorbild wiederhergestellte Wintergarten im Erdgeschoss, der nach dem Abbruch des gestalterisch unpassenden Pendants im Obergeschoss nun auch wieder optimal zur Geltung kommt. Böden wurden insbesondere im Bereich des Erdgeschosses mit passenden Materialien, wie etwa floral gestalteten Zementfliesen, neu verlegt, teils aber auch in ihrer ursprünglichen Form belassen und aufgearbeitet. Dies war möglich, da die neu installierte Luftwärmepumpe ihre Wärme fast ausschließlich über neu verlegte Wandheizungen abgibt. Eine Erneuerung war nur da vonnöten, wo Maßnahmen zur Verbesserung der Trittschalldämmung ergriffen werden mussten.

Anpassung an Bedürfnisse – Bei aller Leidenschaft für den Denkmalerhalt wurden alle zeitgemäßen Wohnbedürfnisse berücksichtigt. Die bereits in den 1990er-Jahren vorgenommene Zusammenlegung der beiden Wohnräume auf der Westseite des Erdgeschosses durfte mit Zustimmung der Denkmalpflege beibehalten werden, da dies dem heutigen Bestreben nach großzügigen Raumsituationen entspricht. Um die Belichtungssituation zu verbessern und den Ausblick in den Garten zu betonen, konnte sogar eine Panoramaverglasung eingebaut werden, die zum Innenraum hin als Sitzbank gestaltet ist. Eine besondere atmosphärische und innenräumliche Qualität bringen die historischen, aufgearbeiteten und neu gestrichenen Innenschiebetüren ein, die die Räume nach Bedarf trennen oder zueinander öffnen.

1 *Blick durch den Essbereich in die Küche*

2–3 *Garten- und Straßenansicht nach erfolgter Sanierung*

1

2

3

WICHTIGE BAUDATEN

Standort: Mittelfranken
Ursprüngliche Erbauungszeit: 1925
Umbauzeitraum: 2014–2015 (14 Monate)
Grundstücksgröße: ca. 610 m²
Wohnfläche vor/nach Umbau/Sanierung: 206 m² (ohne Keller)
Baukosten: keine Angaben

1 *Blick ins Treppenhaus*

2 *Frei stehende Badewanne im Eckerker*

3 *Historische Türen und neu eingebaute Zementfliesen harmonieren perfekt.*

4 *Blick durch das Wohnzimmer in den Garten*

5 *Entspannungssitzbank im neuen Panoramafenster*

6 *Die aufgearbeiteten Schiebetüren, hier am Durchgang zum Wohnzimmer, schaffen schnell Offenheit oder Geschlossenheit.*

1 Gäste-Bad
2 Treppe
3 Bad
4 Gast
5 Schlafen

Obergeschoss

1 Arbeiten
2 Windfang
3 Garderobe
4 Treppe
5 Küche
6 Freisitz
7 Wohnen
8 Essen

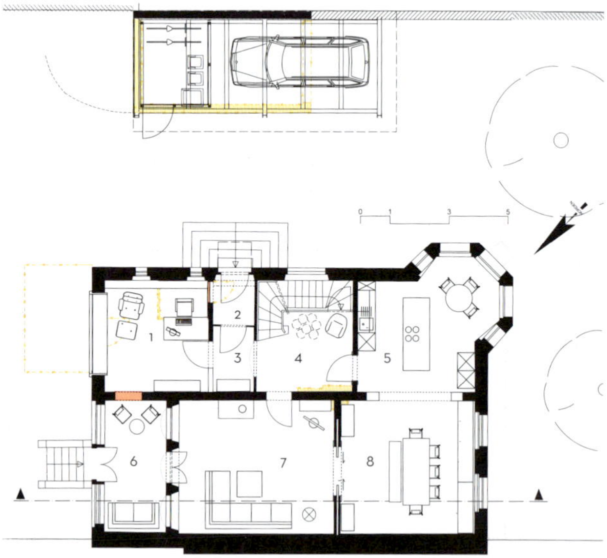

Erdgeschoss

4

5

6

BAROCKES KLEINOD AN DER DONAU

Sanierung und Umbau eines Altstadthauses

DAS WURDE GEMACHT

› Sanierung und Umbau eines früheren Fischerhauses

› Ausbau des Dachbereichs zum Wohnen

› Entfernung von ästhetisch unpassenden Bauteilen im Innenraum

› Anlage eines Vorgartens
› mit Terrasse und eines Gartenhofs

Vorher

1 *Ausgebauter Dachraum*

2 *Eingangsfassade mit Sitzplatz im Vorgarten*

3 *Beschaulicher Rückzugsort unter dem alten Birnbaum im hinteren Garten*

4 *Die prächtige Barockfassade lässt die Mühen der Sanierung kaum mehr erahnen.*

Eine idyllischere Lage könnte man sich für sein Wunschhaus nicht denken. Auf der Regensburger Donauinsel, mit weitem Blick auf die Altstadt, befindet sich ein im 18. Jahrhundert von Fischern errichtetes Haus. Die zum Fluss orientierte Eingangs- und Giebelseite zeigt mit ihren schwungsvollen Linien, den drei Rundfenstern und der typischen Putzornamentik deutlich ihren barocken Ursprung. Und der höchst attraktiv gestaltete Vorgarten mit Sitzplatz am Eingang lässt schon erahnen, dass hier jemand lebt, der nicht nur mit Steinen, sondern auch mit Pflanzen umgehen kann.

Prämiertes Haus, steiniger Sanierungsweg Landschaftsarchitekt Richard Weidmüller hat zusammen mit seiner Frau Inge und seiner erwachsenen Tochter, die eine Einliegerwohnung im Erdgeschoss bewohnt, viel Herzblut nicht nur in die Anlage des Vorgartens wie auch des rückwärtigen Gartenhofs investiert, sondern vor allem in die Sanierung des Gebäudes selbst. Sein Elternhaus hatte zwar die meisten seiner historischen Wertigkeiten bewahrt, befand sich aber in einem insgesamt schlechten Zustand. Wie schwierig sich die – übrigens mit der Bayerischen Denkmalschutzmedaille prämierte – Sanierung gestalten würde, wurde erst mit der Zeit klar. Die Untersuchungen des beauftragten, befreundeten Architekten Manfred Blasch und des beteiligten Tragwerksplaners brachten zutage, dass das Haus sogar einsturzgefährdet war und daher notgesichert werden musste. Um die Tragfähigkeit der maroden, auf Schwemmsand gesetzten Fundamente zu verbessern, musste ein Teil des Mauerwerks ersetzt sowie die Statik insgesamt durch 60 Stützpfähle aus Stahl stabilisiert werden. Vor Hochwasser geschützt sind die Weidmüllers durch einen während der Bauzeit eingekauften Pumpensumpf, der bereits im auf den Einbau folgenden Jahr beim Jahrhunderthochwasser der Donau hervorragende Dienste geleistet hat.

Bewahrung und Anpassung – Allen Projektbeteiligten gemeinsam war das Bestreben, soviel wie möglich vom Bestand zu erhalten. Die Kleinräumigkeit des Grundrisses im Obergeschoss, wo Richard Weidmüller in der Nachkriegszeit zusammen mit seinen Eltern und Geschwistern auf wenigen Quadratmetern gelebt hatte, durfte mit Zustimmung der Denkmalpflege zugunsten eines zusammenhängenden Wohn-, Ess- und Kochbereichs aufgelöst werden. Das Dach hat man ausgebaut und dabei die noch brauchbaren Sparren mit verwendet. Unter der neuen Biberschwanzeindeckung befindet sich heute eine neue Dämmung, die Außenmauern wurden durch eine bauphysikalisch und denkmalpflegerisch vorbildhafte Innendämmung aus Kalziumsilikatplatten gedämmt. Die konstruktiv intakten alten Fenster wurden aufgearbeitet und nach Befund neu weiß gestrichen, behielten aber ihre Einfachverglasung und wurden innenseitig zu Kastenfenstern aufgedoppelt. So zeigt sich das Haus heute wieder als barockes Schmuckstück.

1

2

3

4

1

2

3

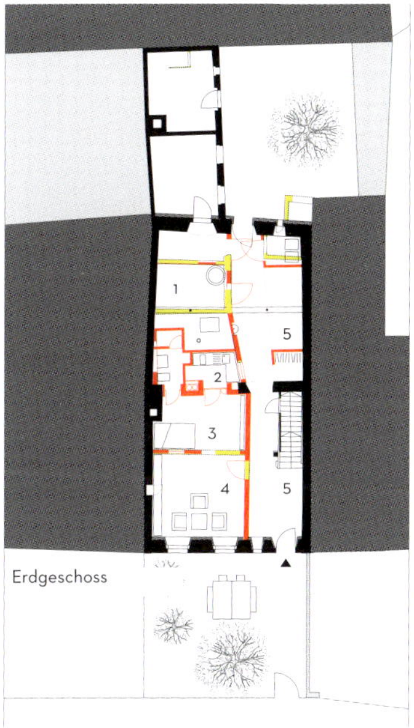

Erdgeschoss

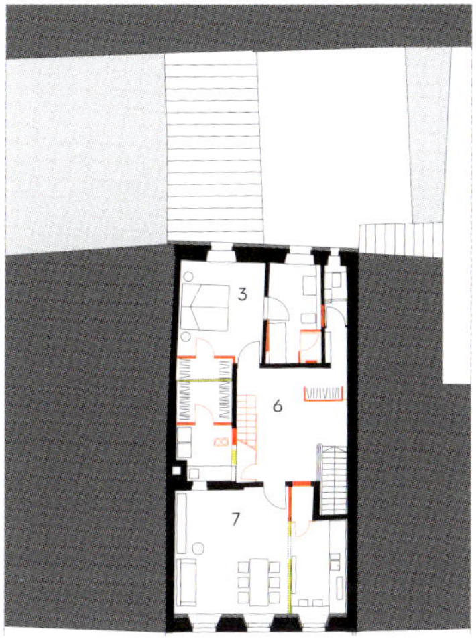

Obergeschoss

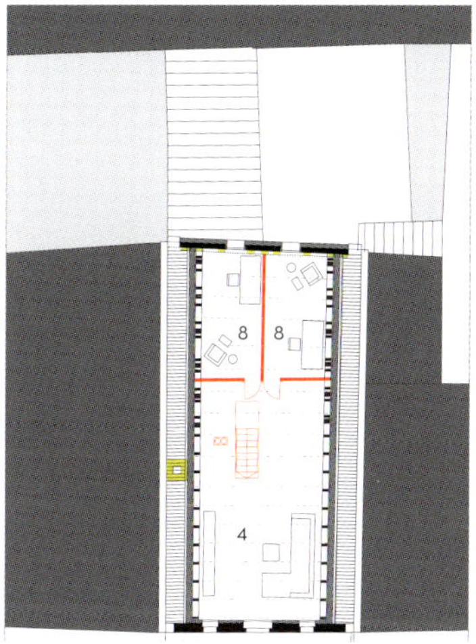

Dachgeschoss

1 Technik
2 Kochen
3 Schlafen
4 Wohnen
5 Flez
6 Treppenraum
7 Essen/Kochen
8 Arbeiten

1 *Im neuen Dachraum. Blick zur Treppe und zum eingebauten Schlafzimmer*

2 *Gästezimmer im früheren Speicher, unter barocken Sparren*

3 *Essen, Kochen und auch Wohnen wurden im Zuge der Sanierung in einem Raum vereinigt.*

4–5 *Refugium der Tochter im Erdgeschoss mit Schlaf- und Wohnbereich*

4

5

WICHTIGE BAUDATEN

Standort: Regensburg
Ursprüngliche Erbauungszeit: 18. Jahrhundert
Umbauzeitraum: 2010–2011
Grundstücksgröße: 273 m^2
Wohnfläche: vor/nach Umbau 163 m^2/189 m^2
Bruttorauminhalt (BRI): nach Umbau 1062 m^3
Energiekonzept: Holzpelletheizung
Heizenergiebedarf/Jahr nach Umbau: 95,2 kWh/m^2a
Gesamtkosten: ca. 493.000 Euro

WIEDERBELEBTES FACHWERK

Sanierung und Umbau eines Winzerhauses von um 1660

DAS WURDE GEMACHT

- Sanierung und Dachausbau eines Altstadthauses von 1660
- Rückbau neuzeitlicher Veränderungen im äußeren Erscheinungsbild
- Entfernung von ästhetisch unpassenden Bauteilen im Innenraum, Anpassung des Grundrisses

Dass manches alte Haus Überraschungen bereithält, die beim Erwerb noch gar nicht abzusehen waren, ist bekannt. Nicht selten, so auch bei diesem ehemaligen Winzerhaus nahe dem Rhein mit ummauertem Innenhof, entstand ein Großteil der Schädigungen durch misslungene Sanierungs- und Umbauversuche der neueren Zeit. Allerdings ließ man sich hiervon nicht abschrecken und erzielte gemeinsam mit dem beauftragten Architekten Stephan Dreier ein herausragendes Ergebnis, das verdientermaßen mit der Verleihung des Hessischen Denkmalpreises belohnt wurde.

»Sanierungen« sanieren – In den 1980er-Jahren, also lange vor dem Erwerb durch seine heutigen Besitzer, war das ohnehin schädlingsanfällige Weichholz des Fachwerks unter anderem durch unsachgemäße, die Feuchtigkeit absperrende Anstriche, Spachtelmassen und Platten so weit in Mitleidenschaft gezogen worden, dass bei der Sanierung durch die neuen Eigentümer etwa ein Drittel der Fachwerkkonstruktion ausgetauscht werden musste. Die Erdgeschosswände auf den Giebelseiten wurden komplett in massivem Mauerwerk erneuert. Die Eingangstür, sieben erhaltene Innentüren und die noch nicht verfaulten Fenster wurden restauriert, die Fenster auch energetisch ertüchtigt. Die Fensterausschnitte führte man auf den Stand von um 1660 zurück und stellte dabei auch die zwischenzeitlich entfernten, konstruktiv notwendigen Teile des Fachwerks wieder her.

Neue Raumqualitäten – Ursprünglich aus zwei aneinander gebauten Teilgebäuden, dem alten Wohn- und dem Kelterhaus, sowie einem separaten Gebäude bestehend, war das Anwesen im Lauf der Jahrhunderte in seiner Aufteilung stark verändert worden. Zuletzt hatten fünf Parteien im Haus gewohnt. Die Einheiten wurden zugunsten einer Einfamilienstruktur aufgelöst, die beiden Teilgebäude zusammengefügt und viele in jüngerer Zeit angebrachte Raumunterteilungen und raumseitige Kaschierungen entfernt, was unter anderem zahlreiche, zumeist hervorragend erhaltene Wandmalereien von um 1660 und 1784 zutage brachte. Teils nur gesichert, teils vorsichtig restauriert, gehört die Wandornamentik zu den besonderen Kostbarkeiten des Hauses. Unter Spanplattenabdeckungen verbargen sich zudem die zumeist originalen und noch sehr gut erhaltenen Massivholzböden des 17. und 18. Jahrhunderts.

Modernes Ambiente unter dem Dach
Während auf den beiden unteren Ebenen, abgesehen von der neuen Wohnnutzung des Keltersaals, im Grunde die historische Raumstruktur wiederhergestellt wurde, erhielt der heute von den Hausherren bewohnte Dachraum einen modernen, loftartig offenen Charakter. Das Erdgeschoss wird von Töchtern und Söhnen kommerziell zur Studienberatung und für Chimney Talks mit Schulleitern genutzt. Im Obergeschoss befinden sich Gästezimmer.

1 *Küche mit altem, hier neu aufgerichtetem Kachelofen, Essplatz und Ausgang zum Atriumhof*

2 *Zum Rhein öffnet sich die Fassade mit großen Fensterflächen.*

3 *Der kleine, intime Hof ist von einer hohen Bruchsteinmauer umgeben. Hinten der Eingang zu Essplatz und Küche*

WICHTIGE BAUDATEN

Standort: bei Wiesbaden
Ursprüngliche Erbauungszeit: um 1660, größere Veränderungen um 1784
Umbauzeitraum: 2008–2012
Grundstücksgröße: 282 m²
Wohn-und Nutzfläche (Wohnhaus): nach Umbau 323 m²
Bruttorauminhalt (BRI): nach Umbau 1645 m³
Energiekonzept: Gasbrennwerttherme
Gesamtkosten: keine Angaben

1 *Im Obergeschoss: Freigelegte Malerei einer orientalischen Stadtansicht über einem Türsturz*

2 *Im Kaminzimmer des Erdgeschosses trifft man sich zu Chimney-Talks.*

3 *Badezimmer im Gästetrakt*

4 *Gästezimmer im Obergeschoss*

5 Blick durch das Treppenhaus

6 Der private Wohnbereich der Eigentümer im großen, neu ausgebauten Dachstuhl

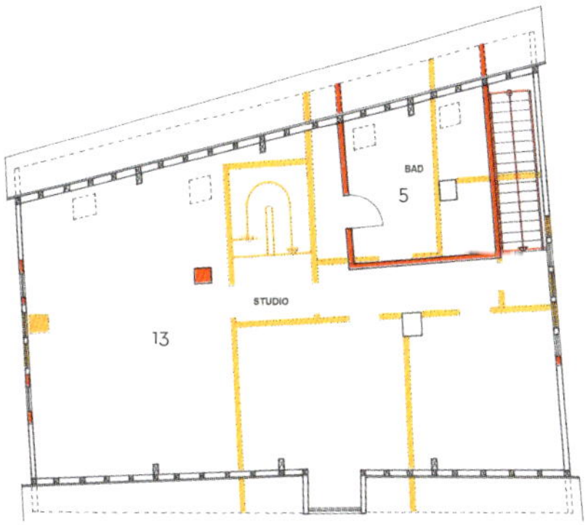

Dachgeschoss

1 Essen
2 Kochen
3 Diele
4 Wohnen
5 Bad
6 Heizung
7 HWR
8 Flur
9 Hof
10 Abstellraum
11 Schlafen
12 Treppenraum
13 Studio

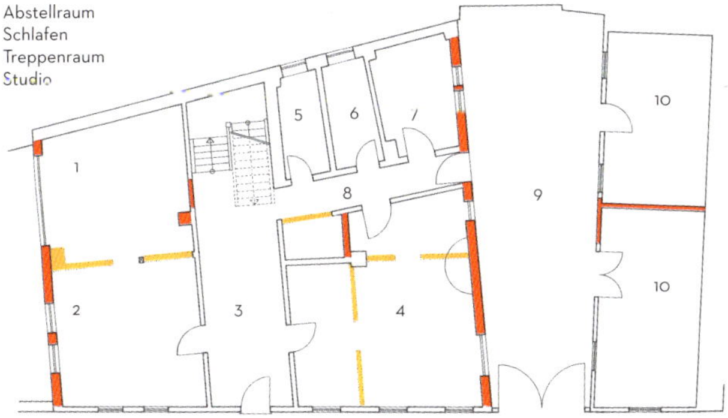

Erdgeschoss

Obergeschoss

TRADITION UND MODERNE VEREINT

Ein Stadthaus mit neuen Qualitäten

DAS WURDE GEMACHT

- Sanierung, Umbau und Erweiterung eines Wohngebäudes von um 1900
- Entfernung der baufälligen Balkonanlage auf der Gartenseite, Ersatz durch zweigeschossigen Anbau
- Zusammenlegung von drei Wohneinheiten zu einer, weitgehende Anpassung des Grundrisses, Gestaltung eines offenen Erdgeschosses

Vorher

Viele Köche verderben den Brei, so sagt man. Dieser Satz gilt jedoch sicher nicht für das Bauvorhaben der Familie Eberling und ihr Stadthaus in Darmstadt. Die Bauherrin hat selbst Architektur studiert und wusste daher recht genau, was sie wollte. Als Partner holte sie sich den befreundeten Architekten Tim Bialucha dazu und entwickelte gemeinsam mit seinem Büro ein rundum kohärentes Umgestaltungskonzept.

Aus drei mach eins – Zunächst galt es, die vorhandenen drei Wohneinheiten aufzulösen und das Gebäude an den Bedarf einer Einfamiliennutzung anzupassen. Dazu wurden die Wohnungszugänge aufgelöst, die entsprechenden Trennwände und die Eingangstüren entfernt. Die aus der Erbauungszeit stammende Holztreppe hat man mustergültig saniert.

Die Möglichkeiten erweitern – Die Anfügung eines Anbaus kam dem von der Familie gewünschten großzügigeren Wohngefühl sehr entgegen. Unter Entfernung mehrerer Innenwände entstand im Erdgeschoss ein großzügiger, von der Nord- zur Südseite durchgesteckter Wohn-, Ess- und Kochbereich. Dessen bewusst zeitgemäße, klare und reduzierte neue Gestaltung zeigt sich nicht zuletzt an dem Estrichboden, in dem eine Fußbodenheizung verlegt worden ist. Die früher im Erdgeschoss liegenden Holzdielen wurden vorsichtig herausgenommen, abgeschliffen, neu geölt und in den oberen Geschossen des Anbaus neu verlegt. Somit sind gleichzeitig Alt und Neu sehr schön in Beziehung gesetzt worden. Die vorhandenen Wohnungstüren wurden unter Verwendung der alten Beschläge wieder eingebaut, die Holzfenster des Bestands im Bereich des Anbaus um moderne Aluminiumfenster ergänzt.

Neuer Lebens-Raum für Eltern und Kinder
Im Bereich des Obergeschosses erweitert der Anbau einerseits das Elternschlafzimmer und fügt andererseits diesem sowie dem angeschlossenen Bad einen attraktiven Balkon hinzu. Darüber, auf dem Dach der Erweiterung, haben die Kinder ihr eigenes Reich im Freien, das von ihrem gemeinsamen Spielzimmer direkt zugänglich ist. Der Dachstuhl musste grundlegend saniert, neu gedämmt und gedeckt werden. Anstelle zweier kleiner gibt es nun eine große Gaube, die eine einheitliche, komfortable Deckenhöhe gewährleistet.

Drinnen und Draußen neu zusammengefügt – Dass das Haus einen recht großen, nach Süden ausgerichteten Garten besaß, hatte maßgeblich zum Erwerb beigetragen. Durch die Aufwertung des Erdgeschosses, die großzügige Verglasung des Anbaus und den neu entstandenen Terrassenbereich wird der Bezug zwischen Haus und Garten nun optimal in Szene gesetzt. Das Faltschiebefenster zwischen Essbereich und Terrasse kann großflächig geöffnet werden und löst dann gleichsam die Grenzen zwischen Innen- und Außenraum auf.

1 *Ansicht des Hauses mit neuem Anbau auf der Gartenseite*

2 *Das Erscheinungsbild zur Straße hin wurde erhalten.*

1

WICHTIGE BAUDATEN

Standort: Darmstadt
Ursprüngliche Erbauungszeit: um 1900
Umbauzeitraum: 2016 (12 Monate)
Grundstücksgröße: 396 m²
Wohn- und Nutzfläche inkl. Anbau: vor/nach Erweiterung 165 m²/214 m² zuzüglich 13 m² Balkon/Dachterrasse
Bruttorauminhalt (BRI): vor/nach Umbau 1049 m³/1125 m³
Energiekonzept: Gasbrennwerttherme
Gesamtkosten brutto: ca. 580.000 Euro

2

1 *Der große Esstisch aus altem Eichenholz und die moderne, neu eingebaute Küche*

2 *Die lang gestreckte Küchenzeile verbindet optisch Kochen, Essen und Wohnen.*

3 *Essbereich und Garten bilden nun eine Einheit, nicht zuletzt dank der großen Fenster.*

4 *Der Wohnbereich hat einen bewusst intimen Charakter. Zwei Sesselklassiker (Swan Chair von Arne Jacobsen) wirken als Blickfänge.*

5 *Das Elternschlafzimmer ist zum Garten orientiert, mit Blick in die großen Bäume.*

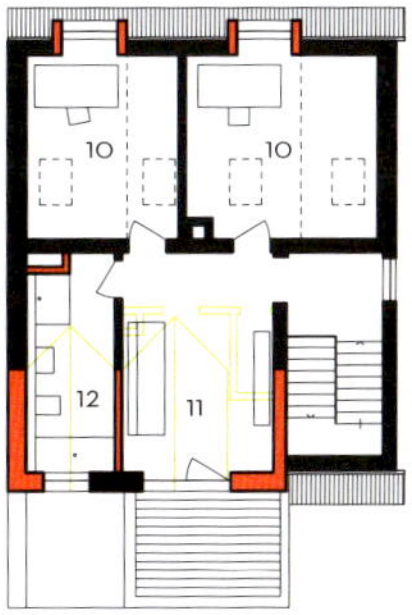

Dachgeschoss

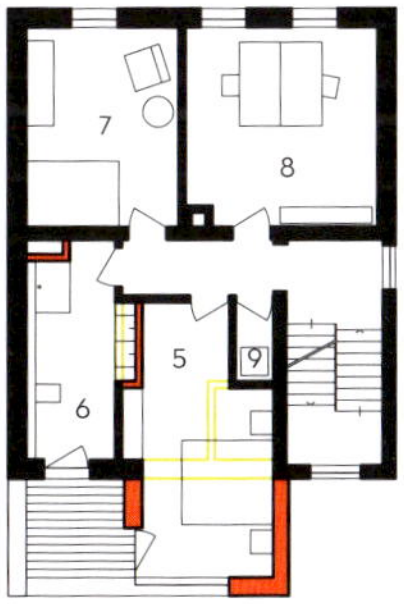

Obergeschoss

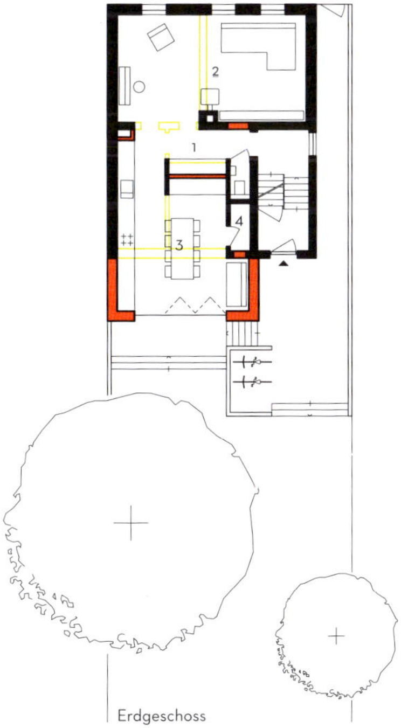

Erdgeschoss

1 Garderobe
2 Wohnen
3 Küche/Essen
4 Kammer
5 Eltern
6 Elternbad
7 Gäste/Kleidung
8 Arbeiten
9 WM/TR
10 Kinder
11 Spielzimmer
12 Kinderbad

3

4

5

NEUES WOHNEN IN DER ALTSTADT

Sanierung, Umbau und Dachausbau eines Bürgerhauses

DAS WURDE GEMACHT

- Sanierung eines frühneuzeitlichen Altstadthauses
- Umbau für Wohnen und Arbeiten
- Ausbau des Dachbereichs zu Wohnzwecken

Vorher

Nachher

Auch wenn das Sanieren denkmalgeschützter Gebäude teils als schwierig gilt, so belegen zahlreiche Beispiele wie dieses mustergültig sanierte Altstadthaus in Straubing das Gegenteil. Der ortsansässige Architekt Hans-Peter Gartner erwarb vor einigen Jahren ein recht desolat wirkendes Gebäude im historischen Ortskern, um es in enger und harmonischer Abstimmung mit der Denkmalpflege zu sanieren, umzubauen und das Dach zum Wohnen für eigene Zwecke auszubauen.

Umgestaltung mit Respekt vor der Geschichte – Dabei orientierte man sich hinsichtlich der Bauweise und Materialien eng am Bestand und den Ergebnissen der Befunduntersuchung. Das Haus wurde auf früherem Kern um 1783, nach dem großen Stadtbrand, in seiner heutigen Gestalt wieder aufgebaut, der Dachstuhl um 1805 aufgerichtet. Letzterer beherbergt heute die Wohnung des Architekten. Der weitgehend offen gestaltete Raum ist gegenüber den Vorzustandsbildern kaum wieder zu erkennen, obwohl außer dem neuen Dachaufbau inklusive Ziegeleindeckung und Dämmung mit Holzweichfaser und eingeblasener Zellulose sehr wenig verändert wurde. Der Großteil der Hölzer konnte an Ort und Stelle verbleiben, nur stellenweise verstärken zusätzliche Stahlteile das Tragwerk. Ferner wurde im Bereich des Dachspitzes eine Galerie eingezogen. Unter der Wohnung befinden sich das Architekturbüro des Bauherrn und, im Erdgeschoss, ein Ladengeschäft.

Sanieren mit Fingerspitzengefühl – Die bei der Befunduntersuchung erbrachten Ergebnisse gaben wichtige Hilfestellung insbesondere für die unteren, bereits vorher genutzten Geschosse. So wurden die historisch verwendeten Farbtöne wieder hergestellt, Fassadendetails wie Gesimse wurden restauriert. Der Außenanstrich erfolgte mit Silikatfarben von Keim, die beste Verträglichkeit mit dem historischen Putz und Mauerwerk mit optimaler Haltbarkeit verbinden. An der Fassade wurde die ursprüngliche Farbigkeit des 19. Jahrhunderts wiederhergestellt. Intakte Deckenaufbauten mit Schilfträgern und Kalkputzen wurden soweit wie möglich erhalten und saniert, eine vorher nicht mehr sichtbare Natursteinmauer im Erdgeschoss wurde wieder freigelegt und sichtbar gehalten. Das Erdgeschoss des Ladengeschäfts wurde ausgehoben und tiefer gelegt, um einen besseren Zugang zu ermöglichen.

1 *Zum Wohnen ausgebautes Dachgeschoss*

1

1 *Blick durch den Ess- und Wohnbereich des Dachgeschosses. Hinten die Leiter zur Empore vor geschlämmter historischer Ziegelwand*

2 *Dachgeschoss mit neuem Aufgangsbereich*

3 *Erdgeschoss mit ehemaligem Laden, heute umgenutzt zum Besprechungsraum des Architekturbüros*

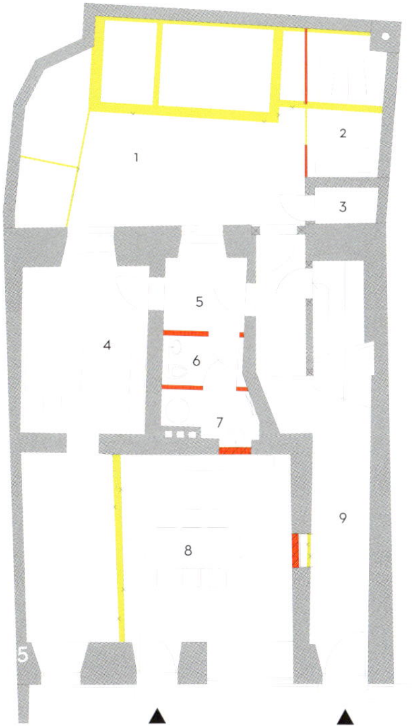

Erdgeschoss

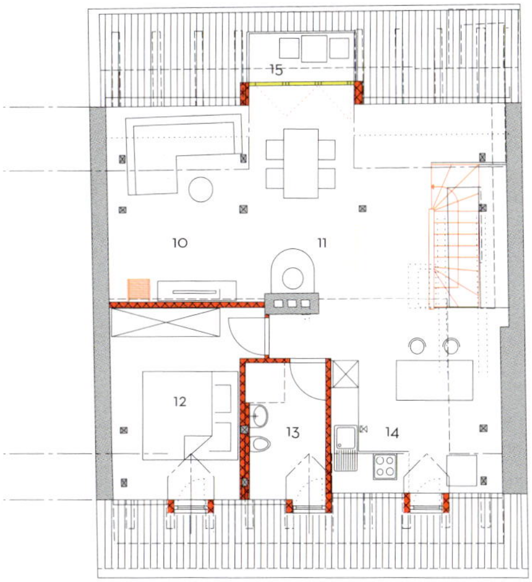

Dachgeschoss

1 Innenhof
2 Fahrräder/Müll
3 AR
4 Büro
5 Durchgang
6 WC
7 Technik
8 Besprechung
9 Flur
10 Wohnen
11 Essen
12 Schlafen
13 Bad
14 Kochen
15 Freisitz

WICHTIGE BAUDATEN

Standort: Straubing (Niederbayern)
Ursprüngliche Erbauungszeit: im Kern vor 1500, in heutiger Baugestalt um 1783, Dachstuhl um 1805
Umbauzeitraum: 2010–2011 (13 Monate)
Grundstücksgröße: ca. 160 m^2
Wohn/Nutzfläche: nach Umbau 105 m^2 Wohnfläche, 160 m^2 gewerbliche Nutzfläche
Bruttorauminhalt (BRI) nach Umbau: gesamt ca. 1400 m^3
Energiekonzept: Gasbrennwerttherme/ CO^2-Sanierungsprogramm
Gesamtkosten Umbau brutto: ca. 350.000 Euro

FACHWERK UND TRANSPARENTE MODERNE

Denkmalsanierung und Erweiterung

DAS WURDE GEMACHT

- Umbau/Grundrissanpassung des Altbaus
- Erweiterung mit einem eingeschossigen Anbau

Denkmalgeschützte und andere hochwertige Altbauten können durchaus mit modernen Anbauten versehen werden, ohne den Bestand zu beinträchtigen – wenn es so überzeugend geschieht wie im Fall dieses Fachwerkhauses in Solingen. Dass der Denkmalschutz sowohl mit dem Anbau als auch mit den innenräumlichen Anpassungen einverstanden war, hängt ursächlich wesentlich sowohl mit den guten Absichten der Bauherren als auch mit der Qualität des Umbaukonzepts zusammen.

Neuer Charakter, stimmiges Ganzes – Das Team von Ladleif Architekten schuf einen eleganten Ergänzungsbaukörper, der über einen scharnierartigen Zwischenbau östlich an den Bestand anschließt, einen intimen Gartenraum entstehen lässt und direkten, ebenerdigen Zugang nach draußen bietet. Mit seiner dunklen Holzfassade zur Straße nach außen hin fast hermetisch verschlossen, öffnet sich die Erweiterung voll verglast nach innen. Zuvor sehr nah an das Haus herangerückte Gehölze wurden entfernt, dadurch die Blickbeziehungen zwischen Haus und Garten nachhaltig verbessert und der Bezug zur Natur so sogar besser in Szene gesetzt. Ein lang gestrecktes Wasserbassin aus Stahl nimmt den Blick mit in die Ferne. Der Hausherr gestaltet den fast parkähnlichen Außenraum Schritt für Schritt als Skulpturengarten.

Sachte Umgestaltung – Das 1558 erbaute, ehemalige Amtsrichterhaus dient dem Vater, mehreren erwachsenen Kindern und Mietern als Wohnhaus. Im Zuge der Umbaumaßnahmen wurden in Abstimmung mit der Denkmalpflege einige Zwischenwände ergänzt, um benötigte Funktionen zu schaffen, vor allem aber der zum Garten orientierte Koch- und Essbereich sowie Bibliothek und Wohnraum zusammengefasst. Im Inneren wurden die Wände und das Fachwerk mit Kalk- beziehungsweise Kalk-Kasein-Farben weiß gefasst, um eine lichtere und freundlichere Grundstimmung zu erzeugen. Eine neue, zum Essbereich orientierte Kochinsel mit Stehtheke wertet den Küchenbereich auf.

Gartenzimmer mit vielen Möglichkeiten
Gegenüber dem Erdgeschoss des Altbaus einige Stufen tiefer angelegt, ist die Erweiterung als multifunktionaler »Garten-Raum« konzipiert, der in seiner Ausstattung und Funktion höchst variabel ist. Augenblicklich befinden sich darin ein Bereich zum Musizieren, eine große Entspannungslandschaft und Arbeitsplätze für die Familienmitglieder, die durch den direkten Außenbezug besonders inspirierend sind.

1 *Altbau und Erweiterung von der Straße aus*

2 *Fachwerkgebäude und neuer Pavillon in der Gartenansicht*

1

2

1

2

WICHTIGE BAUDATEN

Standort: Solingen
Ursprüngliche Erbauungszeit Altbau: 1558
Zeitraum Sanierung/Erweiterung: 2010
Grundstücksgröße: ca. 3000 m^2
Wohnfläche: nach Umbau/Erweiterung ca. 270 m^2, Anbau ca. 100 m^2
Energiekonzept: Gasbrennwerttherme, Fußbodenheizung
Gesamtkosten brutto: ca. 350.000 Euro

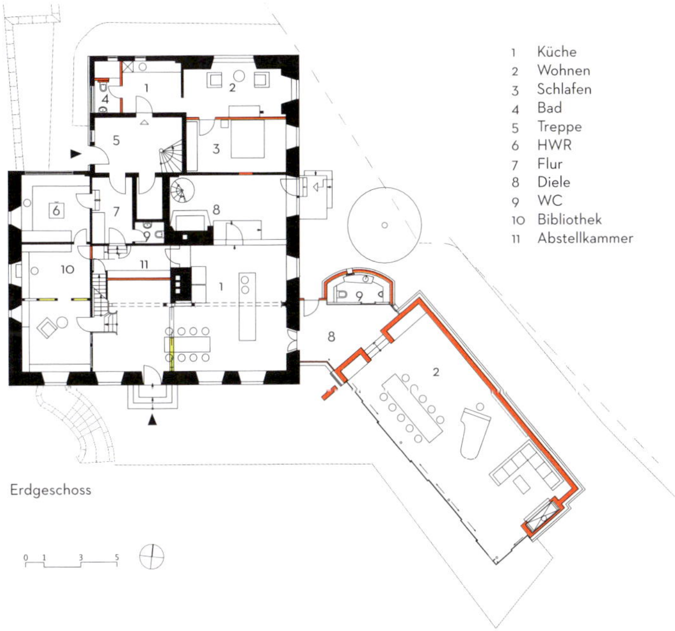

Erdgeschoss

1 Küche
2 Wohnen
3 Schlafen
4 Bad
5 Treppe
6 HWR
7 Flur
8 Diele
9 WC
10 Bibliothek
11 Abstellkammer

1-2 *Der zum Garten hoch transparente Anbau dient sowohl der Entspannung als auch dem konzentrierten Arbeiten.*

3 *Blick über den nach dem Umbau deutlich vergrößerten Essplatz im Altbau*

4 *Unter dem Glasdach im Übergangsbereich zwischen Alt und Neu*

MIT ENGAGEMENT SANIERT

Wiedererweckung eines Altstadthauses

DAS WURDE GEMACHT

- Instandsetzung eines Altstadthauses
- Entfernung weniger jüngerer, unsachgemäßer Einbauten
- Ausbau des Dachbereichs zum Wohnen

In einem der schönsten Orte des Hegaus, unweit der Bodenseestadt Konstanz, zieht eines der historischen Altstadthäuser besondere Bewunderung auf sich. Für das aus Freiburg stammende Architekten-Paar Laule erfüllte sich mit der Instandsetzung des schmalen, wunderschönen Altstadthauses ein Traum. Als leidenschaftliche Architekturliebhaber und Denkmalschützer widmeten sie sich der Instandsetzung des im Kern mittelalterlichen, in seiner heutigen Gestalt wohl im ausgehenden 15. bzw. ausgehenden 18. Jahrhundert errichteten Anwesens mit großer Leidenschaft. Ihr handlungsleitendes Ziel war dabei stets die weitestgehende Bewahrung der vorhandenen Wertigkeiten.

Hoher Instandsetzungsbedarf, großer Einsatz – Die Liebe zur Landschaft, die Möglichkeit, ein fast unrettbares Altstadthaus wieder zu »richten« sowie die schöne Lichtwirkung im Gebäude ließen die beiden trotz großer Herausforderungen an dem Projekt festhalten. Der lange Leerstand hatte zu Feuchteschäden an Mauerwerk, Putz und Dachkonstruktion geführt, die mit hohem Aufwand behoben werden mussten. Alles, was bewahrt werden konnte, wurde aufgearbeitet oder restauriert, jedoch führte starker Hausbockbefall zu einer weitgehenden Rekonstruktion des Dachstuhls.

Viele Ebenen, mannigfache Raumeindrücke – Um den auch durch Einbauten aus jüngerer Zeit arg verstellten Raumeindruck zu verbessern, entfernte man zunächst in Leichtbauweise eingefügte Zwischenwände. So gewinnen die eher kompakt bemessenen Ebenen mehr optische Größe und werden über den verbindenden Treppenraum zusammengefügt. Beim Ausbau der Dachgeschosse wurde die fünfte Ebene auf eine Galerie reduziert. So entstand Großzügigkeit, die durch die eigenwillige Anordnung der originalen Fenster in den Dachgeschossen raffiniert belichtet wird.

Perfektes Stilempfinden und Wohnlichkeit
Alle Zimmer besitzen einen besonderen, unverwechselbaren Charakter, der durch meist seit Generationen in der Familie bewahrte Möbel und Ausstattungsgegenstände verstärkt wird. So ist die Essküche, an deren Stelle sich früher ein Hutladen befand, ganz in Weiß gehalten, der separate Essbereich auf der Westseite lebt von seinem biedermeierlichen Charakter. Darüber befinden sich Arbeitszimmer/Bibliothek und Wohnzimmer, im ersten Dachgeschoss Schlaf- und Badezimmer. Den Raumzusammenhang schließen die beiden, durch einen offenen Luftraum verbundenen obersten Geschosse ab, die beim Umbau ausgebaut wurden. Das Haus erhielt einen neuen Aufbau mit außen liegender Dämmung, wodurch die weiß lasierten Sparrenlagen sichtbar bleiben und größere Raumhöhen erzielt werden konnten. Neu gedeckt wurde mit barocken Dachziegeln, die man aus Abbruchhäusern barg – Symbol für den respektvollen Umgang mit dem Alten.

1 *Straßenfassade mit ehemaligem Schaufenster im Erdgeschoss und Haustür vom antiken Baustoffhandel*

2 *Von unten beheizte Küchenbank am Kastenfenster*

3 *Essplatz in der Küche mit Grafik von Diether F. Domes. Im Hintergrund die Diele mit Louis-XVI-Spiegel*

WICHTIGE BAUDATEN

Standort: Engen/Hegau (Baden-Württemberg)
Ursprüngliche Erbauungszeit: Ende des 15. Jahrhunderts über hochmittelalterlichem Kern, Umbau des Daches im 18. Jahrhundert
Umbauzeitraum: 1991–1994
Grundstücksgröße: 56 m²
Wohn- und Nutzfläche (Hauptgebäude): nach Umbau ca. 200 m²
Bruttorauminhalt (BRI) (Hauptgebäude): nach Umbau 671 m³
Energiekonzept: Gasbrennwerttherme
Gesamtkosten: keine Angaben

Baugesuch: Architekt Anton Beuter, Dettingen
Bauleitung: Architekt Alfons Bürk, Rottweil

1 *Kleines Schlafzimmer im ersten Dachgeschoss mit Treppe zur Galerie*

2 *Im ersten Dachgeschoss: Blick vom Schlafzimmer in das Bad und hoch zur Galerieebene*

3 *Auf der kleinen Galeriekanzel eine alte Schulbank – Lieblingsplatz aller Kinder*

4 *Das Elternschlafzimmer*

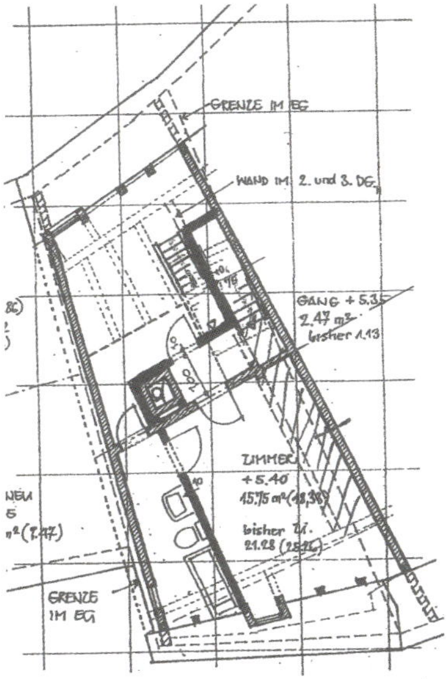

1. Dachgeschoss

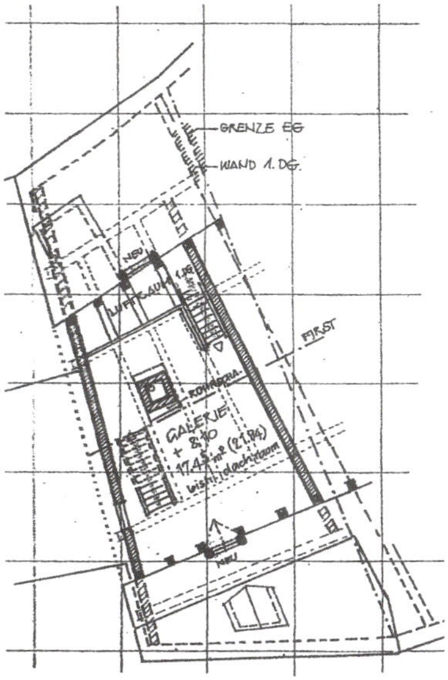

2. Dachgeschoss

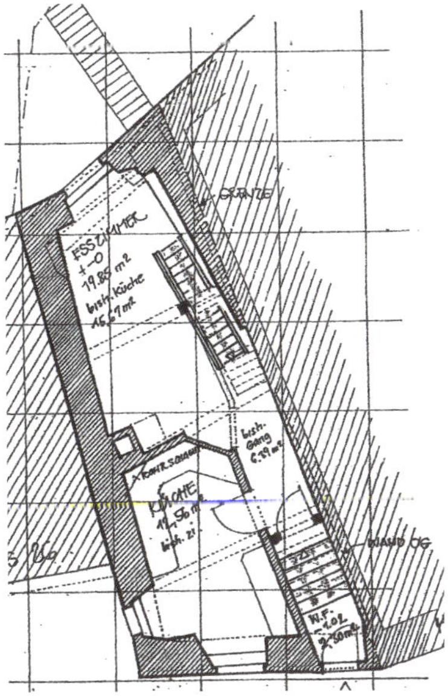

Erdgeschoss

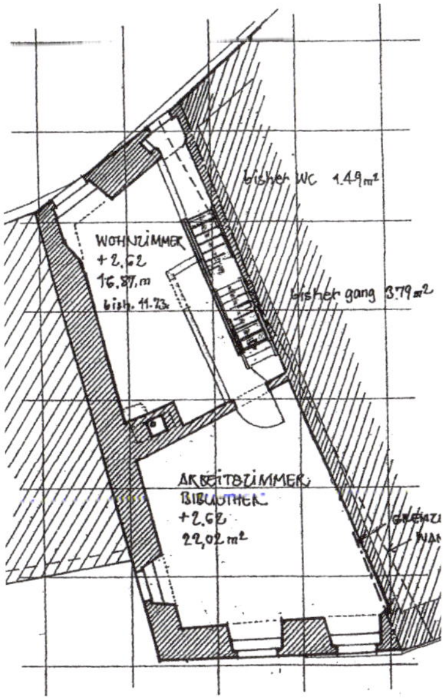

Obergeschoss

WOHNEN UND ARBEITEN UNTERM DACH

Mustergültiger Umbau in Kölns Belgischem Viertel

DAS WURDE GEMACHT

- Sanierung, teilweiser Umbau und Dachausbau eines gründerzeitlichen Wohnhauses
- Anpassung des Grundrisses zum Wohnen und für ein Architekturbüro
- Schaffung einer Dachterrasse

Vorher

Die denkmalgeschützte Klinker-Stadtvilla von 1894 mit deutlich erkennbaren gründerzeitlichen Elementen steht in Kölns Belgischem Viertel, einem der begehrtesten Quartiere der Stadt. Die Architektin Maria Nagy hat sich hier in den obersten beiden Geschossen ihr eigenes, perfektes Reich zum Wohnen und Arbeiten geschaffen. Ihre Philosophie, den Bestand so weit wie möglich zu erhalten und nur dort zu ergänzen, wo es zulässig und geboten erschien, führte zu einer vertrauensvollen Zusammenarbeit mit der Denkmalbehörde.

Neues Leben unter dem Dach – Im zuvor unausgebauten Dachraum befindet sich nun der große, zusammenhängende Wohn-, Ess- und Kochbereich. Der Dachstuhl musste dafür stellenweise durch Flachstahlträger verstärkt werden, erhielt eine Dämmung und, um Helligkeit hereinzuholen, einige große Dachfenster, die das Erscheinungsbild von außen aber nicht beeinträchtigen. Zusätzlich konnte man eine etwa 25 m^2 große Dachterrasse anlegen und so den Wohnbereich nach draußen erweitern, durch Faltschiebefenster kann der Wohnraum großflächig zur Terrasse geöffnet werden. Die ursprünglich dunkelgrau abgesetzten Teile der Dachkonstruktion sind mittlerweile weiß gefasst, wodurch der Dachraum noch einheitlicher, heller und größer wirkt. Die im oberen Bereich gewendelte, in Wandscheiben eingespannte Holztreppe zwischen den beiden Wohnungsebenen fügt sich mit ihrer Brüstungskonstruktion aus weißem Flachstahl optisch in den Dachraum ein.

Wohnen und Arbeiten in enger Verbindung
Im Eingangsgeschoss der Wohnung befinden sich neben Schlafzimmer, Bad und WC auch ein Besprechungsraum mit dezidiert wohnlichem Charakter, der zwischendurch auch als zusätzlicher Wohnraum genutzt wird, sowie ein Büro. Die geschmackvolle Ausstattung aller Räume mit hochwertigem Mobiliar, Kunst und Trouvaillen aller Art verschmilzt die unterschiedlichen Nutzungen zu einem rundum stimmigen Ganzen. Die Erhaltung und Wiederaufaufarbeitung der alten, stimmig gestalteten und unterteilten Fenster sowie der Innentüren einschließlich der überwiegend noch vorhandenen bauzeitlichen Beschläge war ein wichtiges Element der Sanierung. Die alte Holzbalkendecke hat man teilweise freigelegt und weiß gestrichen, um so nicht zuletzt die Helligkeit in den Räumen zu intensivieren.

1 *Blick durch den Wohnraum unterm Dach in Richtung der Terrasse*

2 *Koch- und Essbereich*

WICHTIGE BAUDATEN

Standort: Köln
Ursprüngliche Erbauungszeit: 1894
Umbauzeitraum: 2001 (5 Monate)
Grundstücksgröße: ca. 280 m^2
Wohnfläche: vor/nach Umbau 70 m^2/119 m^2 zuzüglich 25 m^2 Dachterrasse
Bruttorauminhalt (BRI): vor/nach Umbau 621 m^3/697 m^3
Energiekonzept: Gasbrennwerttherme
Heizenergiebedarf/Jahr nach Umbau: 92 kWh/m^2a
Gesamtkosten brutto: ca. 180.000 Euro

1 *Fassadenansicht. Ganz oben die Wohnung und das Büro der Architektin*

2 *Besprechungszimmer*

3 *Eingangsbereich mit historischen Türen und neuer Treppe, die zum ausgebauten Bereich unter Dach führt.*

4 *Schlafzimmer*

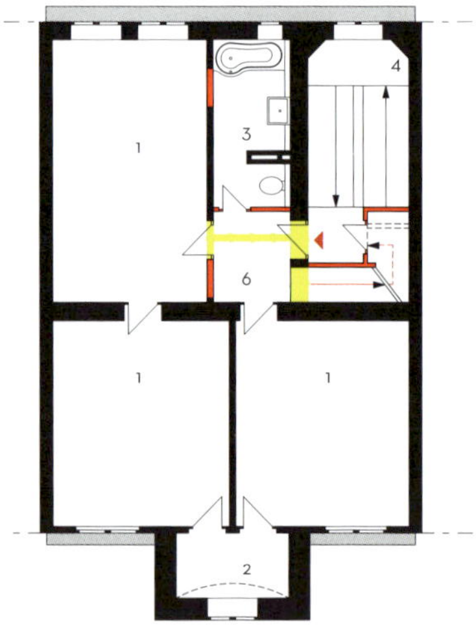

Eingangsgeschoss

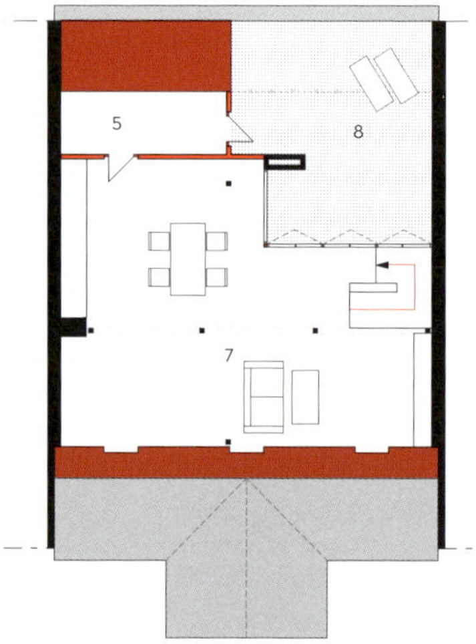

Dachgeschoss

1 Zimmer
2 Erkerzimmer
3 Bad
4 TRH
5 Abstellraum
6 Diele
7 Kochen/Essen/Wohnen
8 Dachterrasse

2

3

4

GEBORGEN IN NATURSTEIN

Sanierung und Umbau zweier Dorfhäuser

DAS WURDE GEMACHT

- Sanierung und Umbau zweier Natursteinhäuser
- Anlage eines überdachten Freisitzes
- Städtebauliche Umgestaltung der Außenbereiche

Vorher

Aita Bott und Gian-Reto Rainalter kamen zu ihrem Refugium im italienischen Mello gleichsam über Umwege, oder vielleicht auch durch glückliche Fügung. Nachdem ein Mitarbeiter des elterlichen Unternehmens ihm lange Zeit von seinem Heimatdorf im italienischen Veltlin vorgeschwärmt hatte, erwarb Vater Rainalter dort ein wunderschönes, jedoch halb verfallenes Natursteinhaus. Als man kurz davor war, darin eine Garage einzubauen, übernahmen Gian-Reto Rainalter und seine Frau Aita Bott die Initiative. Man beschloss, das Gebäude als archaisches Domizil für sich selbst herzurichten. Da dies so gut gelang, ist mittlerweile ein zweites, benachbartes Haus hinzugekommen.

Verblichener Charme, Handwerk von heute
Das zuerst erworbene Haus besaß nur noch Teile seiner Außenwände, und das Dach war nicht mehr vorhanden. Die Bauherren focht dies jedoch nicht an, hatten sie doch ihr Ziel fest vor Augen: Unter Nutzung des lokal vorhandenen handwerklichen Könnens sollten die Häuser in der alt hergebrachten Bauweise aus dem traditionellen Granit, der im und am Haus sowie in der Umgebung gefunden bzw. gesammelt wurde, und dem hergebrachten Holz (Lärche oder Kastanie) für Deckenbalken, Dachstuhl, Fensterkonstruktion und Einbauten saniert oder neu errichtet werden. Dabei wurde keine einzige neue Fassadenöffnung geschaffen.

Zwei Häuser im Einklang mit der Umgebung – Nach der vollendeten Sanierung zeigen sich die zwei Gebäude als harmonische Pendants, die den dazwischen liegenden Platzraum formen und ihm Geschlossenheit verleihen. Eine geradlinige Sitzbank aus San-Fedelino-Granit, die auch den Dorfbewohnern zur Verfügung steht, dient zusammen mit einem knorrigen Olivenbaum der Kontemplation. Ein großes Panoramafenster, das als Drehtür ausgeführt ist, bildet die Haustür zum ersterworbenen, winkelförmigen Gebäude. Der kleinere Teilbaukörper nimmt im Erdgeschoss das neue Badezimmer mit im Boden versenkter Wanne auf, darüber ist eine Loggia entstanden. Das übrige Erdgeschoss nimmt das Schlafzimmer ein, dessen Blickfang die von Designerin Aita Bott entworfene, mit vielen Aufbewahrungsmöglichkeiten versehene Lärchenholztreppe bildet. Oben befindet sich die Ess- und Wohnküche mit direktem Zugang zur Loggia. Über den Hof geht es zum zweiten Haus, dessen äußere Gestalt sich aufgrund der besseren Bausubstanz eng am Bestand orientiert. Es wird von den Eheleuten selbst genutzt. Einige der vorhandenen Holzsprossenfenster konnten erhalten werden. Unten empfängt ein höchst wohnliches, großes Wohn-Badezimmer, von dem eine Schwarzstahltreppe zum Schlafbereich empor führt. Sehr gut platzierte, unauffällige Dachfenster und eine »Leuchteninstallation« von Aita Bott inszenieren das zeltartige Zimmer als Kunstraum.

1 Haus 1/Schlafzimmer mit Pflastersteinen wie im Hof und verglastem »Eingangsfenster«. Hinten der Durchgang zum Badezimmer.

2 Blick auf Haus 1 mit erleuchtetem Eingang. Links der Gebäudeteil mit der Loggia, darunter das Badezimmer.

3 Haus 1/Die von Aita Bott entworfene, ebenso geradlinige wie elegante Lärchenholztreppe bietet reichlich Stauraum.

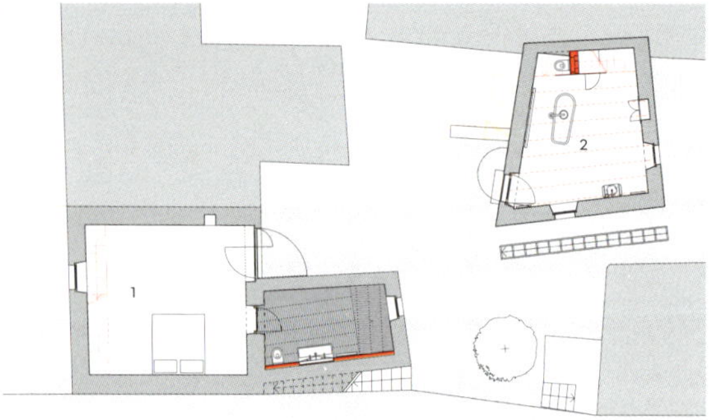

Erdgeschoss

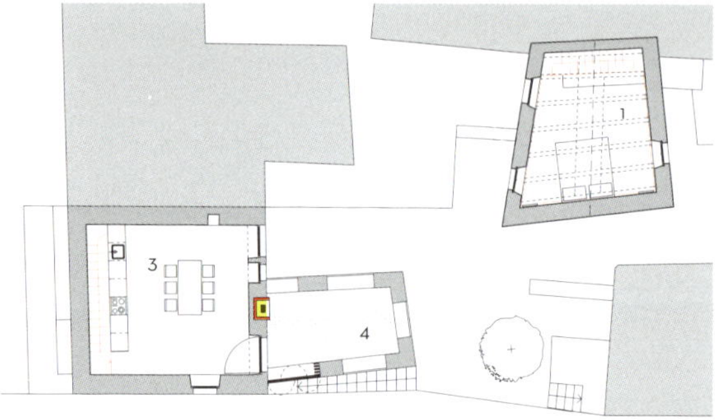

Obergeschoss

1 Zimmer
2 Bad
3 Wohnküche
4 Loggia

1 *Haus 1/Wohnraum mit neu eingebauter Küche und altem Holzherd. Boden- und Dachkonstruktion bestehen aus massiven Holzbalken.*

2 *Haus 1/Dachflächenfenster belichten den Treppenbereich sowie beide Wohnebenen.*

3 *Haus 1/Die Sitzbänke der Loggia sind gleichzeitig Absturzsicherung. Alle Holzelemente wurden hier aus Lärchenholz gefertigt.*

4 *Blick vom »Eingangsfenster« über den Hof zu Haus 2*

5 *Haus 2/Schlafzimmer mit alter Balkendecke, neuem, geöltem Stahlboden und neuer Dachbelichtung. Bett und Leuchteninstallation von Aita Bott.*

6 *Haus 2/Badezimmer mit Stahltreppe und Stahldecke. Waschtisch wie auch frei stehende Wanne sind restaurierte antike Stücke, die man aus Abbruchhäusern geborgen hat.*

WICHTIGE BAUDATEN

Standort: Veltlin (Italien)
Ursprüngliche Erbauungszeit: um 1800
Umbauzeitraum: 2014/2016
Grundstücksgröße: 139 m²
Wohn- und Nutzfläche:
Haus 1: vor/nach Umbau 81 m²/60 m²;
Haus 2: vor/nach Umbau ca. 40 m²
Energiekonzept: Pelletheizung
Gesamtkosten: keine Angaben

LOFTWOHNEN IM BOOTSHAUS

Umnutzung eines Gewerbebaus in ihrer schönsten Form

DAS WURDE GEMACHT

- Umnutzung eines ehemaligen Lager- und Bootshauses zum Wohnen
- Sanierung der Bausubstanz, Einbau zusätzlicher Zimmer und Bäder, energetische Anpassung
- Schaffung eines hoch transparenten Galeriegeschosses

Vorher

Zuletzt als unscheinbares Lager-, vormals Bootshaus auf einem früheren Textilareal genutzt, zeigte sich der im Ursprung bereits Ende des 19. Jahrhunderts errichtete Sichtziegelbau vor Beginn der Sanierung in wenig einladendem Zustand. Eigentümer und Planer ließen sich dadurch jedoch nicht abschrecken. Der Essener Architekt Frank Ahlbrecht entwickelte ein auf anspruchsvolles Wohnen ausgerichtetes Sanierungs- und Umbaukonzept, das die historischen Wertigkeiten perfekt einbezieht und neu herausarbeitet.

Hallenartige Wohnräume – Der ältere, Ende des 19. Jahrhunderts errichtete Bauteil wurde im Jahr 1942 sozusagen gespiegelt, das heißt in gleicher Form und Kubatur traufseitig noch einmal angebaut. Dadurch ergibt sich im Inneren der Eindruck einer zweischiffigen, ausgesprochen großzügigen Konstruktion, die heute dem 100 Quadratmeter messenden Wohn-, Ess- und Kochbereich ein wunderbares Raumgefühl mit hohen Decken verleiht. Zur Gartenseite hin sind die Schlafzimmer und Bäder angeordnet. Im Zentrum des Gebäudes entstand zwischen den Firsten der beiden Teilbaukörper ein komplett verglastes Galeriegeschoss mit Rundumblick in die darunter situierten Räume und auf die Ruhr.

Bewahrende Sanierung – Die Sanierung erfolgte gewissenhaft und war tief greifend, jedoch mit Feingefühl und Augenmaß. Das Mauerwerk war teils schadhaft und mit einer weißen Lackfarbe zugeschmiert, die Fassadenöffnungen waren teils zugemauert, Fenster marode, und vor allem wies der Dachstuhl schwere Beschädigungen auf. Dessen ungeachtet hat man alle intakten Bauteile der Tragkonstruktion, aber auch die meisten Fenster und die Eingangstüre wieder verwendet und ergänzt beziehungsweise restauriert. Durch die Aufdoppelung zu Kastenfenstern konnten sowohl heutige Energiestandards erreicht oder sogar übererfüllt als auch die alten, restaurierten und neu gestrichenen Fenster bewahrt werden. Eine bauphysikalisch zuverlässige, gerade in der Sanierung häufig angewandte Methode der Innenwanddämmung mittels Kalziumsilikatplatten erlaubte es, die schöne Backsteinfassade zu erhalten. Das Gebäude besitzt nun auch höchsten Komfortstandard inklusive Lichtplanung und zentraler Steuerungstechnik.

Im Außenbereich auf der Süd-, aber auch auf der Nordseite docken großzügige, holzgedeckte Terrassenbereiche an das Gebäude an, die gegenüber dem Terrain um etwa einen halben Meter erhöht sind. Dies ermöglicht einen schönen Ausblick und gleichzeitig wirksamen Schutz bei Hochwasser.

1–3 *Ansichten nach Umbau und Sanierung. Bild 1 zeigt die Schauseite mit Terrasse und den intimen, eingetieften Gartenhof.*

1

2

3

1

2

3

1 *Ausblick vom Essplatz zu Terrasse, Gartenhof und Ruhr*

2 *Vom verglasten Galeriegeschoss sind der Wohnbereich, der Eingangsbereich wie auch das Badezimmer jederzeit optisch präsent.*

3 *Der Trakt mit den Kinder- und Schlafzimmern ist ganz neu eingebaut worden.*

4 *Wohnen, Essen und Kochen bilden einen offenen Raumzusammenhang.*

WICHTIGE BAUDATEN

Standort: Essen
Ursprüngliche Erbauungszeit: Ende des 19. Jahrhunderts, Erweiterung 1942
Umbauzeitraum: 2016–2017 (ca. 12 Monate)
Grundstücksgröße: 786 m^2
Nutz/Wohnfläche: vor/nach Umbau 241 m^2/271 m^2 zuzüglich 69 m^2 Terrassen
Bruttorauminhalt (BRI): vor/nach Umbau 1265 m^3/1293 m^3
Energiekonzept: Gasbrennwerttherme (mit Fußbodenheizung)
Heizenergiebedarf/Jahr nach Umbau: 82,22 kWh/m^2a
Gesamtkosten: keine Angaben

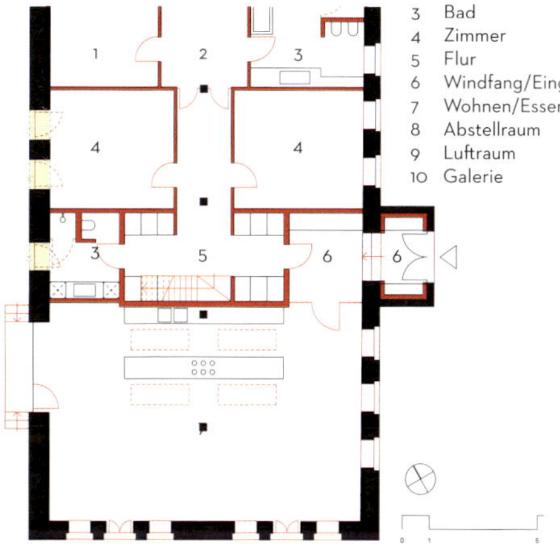

Erdgeschoss

1 Schlafen
2 Ankleide
3 Bad
4 Zimmer
5 Flur
6 Windfang/Eingang
7 Wohnen/Essen
8 Abstellraum
9 Luftraum
10 Galerie

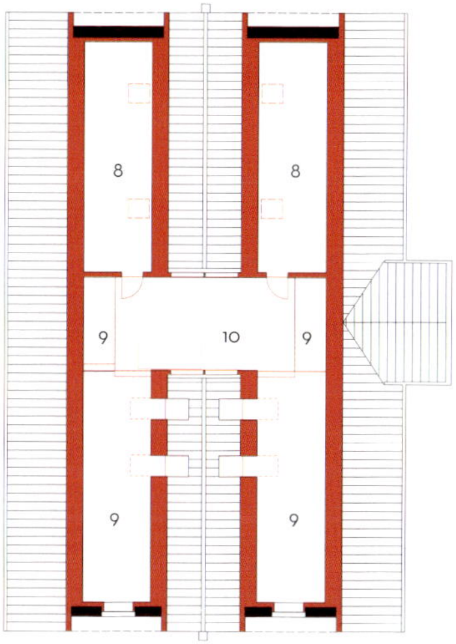

Dachgeschoss

VOM PUMPWERK ZUM KÜNSTLERDOMIZIL

Ein Industriedenkmal als Wohnhaus und Atelier

DAS WURDE GEMACHT

- Sanierung eines Pump- und Hebewerks von 1903
- Umbau zum Wohnen und für die Kunst

Vorher

Denkmalgeschützte Gebäude zu neuem Leben zu erwecken, ist stets eine fordernde Aufgabe. Besonders schwierig gestaltet sie sich aber dann, wenn frühere Industriedenkmäler mit großem Volumen einer neuen Nutzung zugeführt werden sollen. Den Künstler Dietmar Brixy schreckte jedoch weder der Umfang der Aufgabe noch der beträchtliche Sanierungsbedarf davon ab, ein ehemaliges, vom Architekten Richard Perry erbautes Pump- und Hebewerk in Mannheim zu reanimieren und gemeinsam mit seinem Lebensgefährten David Richardson zu einem beeindruckenden Wohn- und Kunstdomizil zu machen, ein Projekt, zu dem sie den Architekten Mathias Henrich hinzuzogen.

Leben wie in der Kathedrale – Angesichts der zwei Gebäudeteile, dem Pumpwerk und der Klärhalle, ergab sich für die neue Nutzung eine gleichsam natürliche Zweiteilung: Im Bereich der Klärhalle, deren Boden zum Kanal hin reversibel geschlossen wurde, entstand der Wohnbereich, im ehemaligen Pumpenhaus richtete man ein Atelier und im Untergeschoss Präsentationsräume ein. Die kirchenartigen, imposanten Raumzuschnitte und Deckenhöhen konnten in ihrer Wirkung erhalten werden, indem Einbauten zurückhaltend erfolgten. Neue Räumlichkeiten für Kochen/Essen und Büro beziehungsweise Schlafen wurden in der ehemaligen Klärhalle zu zwei Seiten des völlig offenen, innenarchitektonisch höchst niveauvoll gestalteten Wohnbereichs auf zwei Ebenen eingebaut und zur Decke hin durch filigran strukturierte Glaswände abgeteilt. Auch im Atelier in der Pumpenhalle sorgt eine filigran unauffällige Stahlkonstruktion dafür, dass die Raumwirkung nicht beeinträchtigt wird.

Die Atmosphäre erhalten – Korrodierte Deckenkonstruktionen mussten ersetzt werden, der Dachreiter wurde mit vorpatiniertem Kupfer neu gedeckt und gedämmt. Alle sanierungsfähigen historischen Bauteile wie Türen und Fenster wurden aufgearbeitet, ansonsten genau nachgebaut und mit schlanken Isolierverglasungen versehen sowie innen aus Wärmeschutzgründen zu Kastenfenstern aufgedoppelt. Fehlende Backsteine für die Sichtziegelfassaden hat man bei spezialisierten Ziegeleien in Norddeutschland in der zum Bestand passenden Anmutung neu herstellen lassen. Nahezu die gesamte Technik, namentlich die im Untergeschoss des Pumpwerks, wurde erhalten und restauriert.

Paradies ums Industriedenkmal – Als bewusst gesetzter Kontrapunkt zum rauen Charakter des Industriedenkmals ist der wundervolle, parkähnliche Garten gestaltet. Man wählte eine Vielzahl wertvoller Gehölze aus, die dank ihrer Größe bereits unmittelbar nach der Pflanzung die Wirkung eines über viele Jahre gewachsenen grünen Idylls vermittelten. Botanische Kostbarkeiten wie Kamelien und Fächerpalmen, die bei grundlegendem Winterschutz im milden Rheinklima auch die kalte Jahreszeit überdauern, bilden den Hintergrund für den Kunst-Garten, der mit Skulpturen zahlreicher Künstler bestückt ist. Blickfang bildet eine von den Hausherren aus dem Blech des alten Dachreiters geschaffene, reliefartige Kupferwand, die bei Bedarf zur Wasserkaskade wird.

1 *Gartenansicht des rückwärtigen Giebels*

2 *Die Küche entstand im ehemaligen Aufenthaltsraum der Arbeiter.*

3 *Der Wohnbereich in der ehemaligen Klärhalle. Hinten die Küche, oben das Büro hinter Glas*

1

2

3

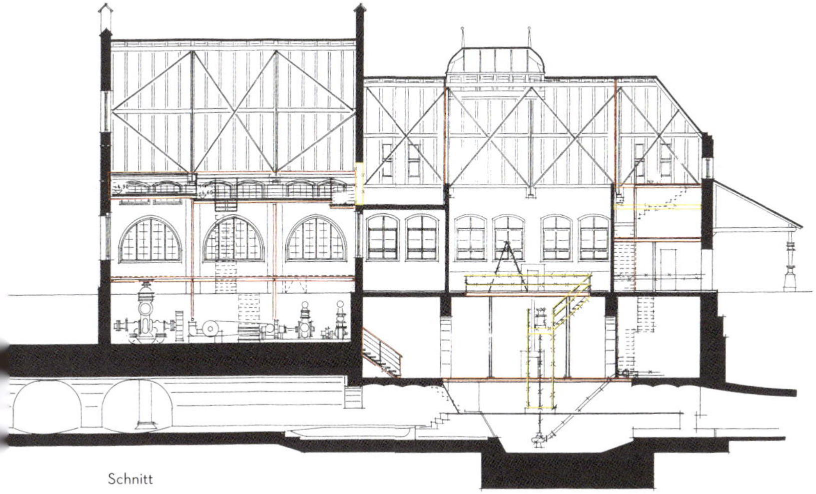

Schnitt

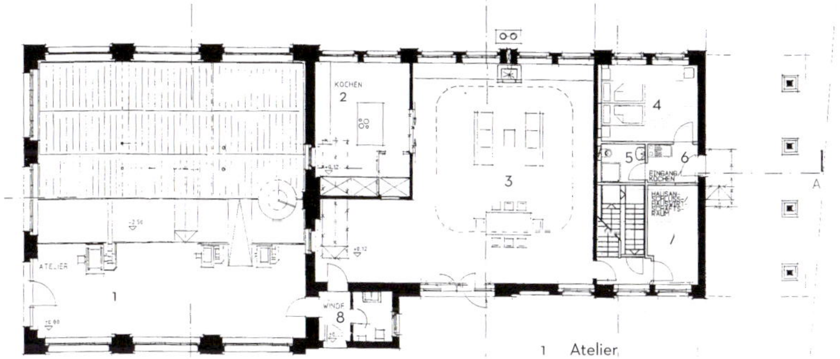

Grundriss

1 Atelier
2 Kochen
3 Wohnen/Essen
4 Schlafen
5 Bad
6 Eingang/Kochen
7 HWR
8 Windfang

WICHTIGE BAUDATEN

Standort: Mannheim
Ursprüngliche Erbauungszeit: 1903
Umbauzeitraum: 2002–2003 (16 Monate)
Wohn-/Nutzfläche: Nutzfläche alt ca. 430 m²;
Wohnfläche nach Umbau 238 m²,
Nutzfläche (Atelier) 443 m²
Bruttorauminhalt (BRI): nach Umbau ca. 6.900 m³
Energiekonzept: Fernwärmeversorgung
Gesamtkosten: keine Angaben

1 *Atelier in der ehemaligen Pumpenhalle mit reversiblen Einbauten aus Stahl*

2–3 *Atelierräume im Untergeschoss der ehemaligen Pumpenhalle mit restauriertem technischen Gerät*

4 *Steg und Empore im Atelierbereich, Konstruktion aus Stahl und Siebdruckplatten*

5 *Große Rundbogenfenster fluten das Kunstatelier mit Licht.*

VON DER WERKSTATT ZUM FAMILIENLOFT

Umnutzung und Wohnungsumbau in der Stadt

DAS WURDE GEMACHT

- Sanierung und Umnutzung eines Werkstattgebäudes zum Wohnen
- Öffnung durch großflächige Verglasungen
- Anpassung des Grundrisses, Schaffung eines Atrium-Gartenhofs

Das Wohnen in der Stadt hat manchen Vorteil, doch mangelt es nicht selten an Großzügigkeit sowie an geschütztem Aufenthaltsraum im Freien. Das Umbau- und Sanierungsprojekt der Kölner Architektin Maria Nagy für eine dreiköpfige Familie fügte dem Bestand genau diese Qualitäten hinzu. Dazu wurde aus einer kleinen Schreinerwerkstatt in einem Kölner Hinterhofgebäude ein großzügiger, bungalowartiger Raumzusammenhang mit insgesamt 144 Quadratmetern Wohnfläche. Der dazu gehörige, angrenzende Hofbereich avancierte – auf je zwei Seiten durch die Bestandsgebäude und Hofmauern umgeben – zum wunderschönen Atrium, das als kleine Welt für sich wirkt.

Rauheit als Rezept – Den bei Umbaumaßnahmen häufig gemachten Fehler, zu viel vom Bestand zu überformen oder gar zu zerstören, hat man hier bewusst vermieden. Die Backsteinwände wurden teils roh belassen, teils nur weiß gestrichen statt verputzt, und auch die Betondecke hielt man sichtbar. Die alten Stützen und Träger aus Stahl sind ebenso wenig kaschiert worden und tragen damit zur besonderen Atmosphäre bei. Technisch jedoch hat man alles auf den neuesten Stand gebracht. Die Wände der Werkstatt wurden nach außen fachgerecht abgedichtet und mit einer Horizontalsperre aus Paraffininjektagen gegen aufsteigende Feuchtigkeit geschützt, die Böden gedämmt und mit einer Fußbodenheizung versehen. Neben Massivholzdielen aus Eiche ziehen in Küche und Bad Zementfliesen die Blicke auf sich, deren Ornamentik Anleihen bei historischen Vorbildern nimmt.

Der eingestellte Kubus – Neben dem mittels eines Wanddurchbruchs angegliederten Werkstattbereich war eine weitere wichtige Grundrissveränderung die Einfügung eines Badkubus, der zum Innenhof hin ausgerichtet ist. Mit Glasbändern im Deckenbereich wirkt er filigran und belichtet gleichzeitig den innen liegenden Flur, der Kinderzimmer, Elternschlafzimmer, Büro und Toilette verbindet. Das besondere Talent der Hausherrin für Wohngestaltung zeigt sich in zahlreichen Details, die neue und alte Wohnklassiker mit kultigen Elementen und ungewöhnlichen Ideen kunstvoll zu einem überzeugenden Ganzen verweben.
So entstand in einer vormals kargen Hinterhofsituation ein kleines Paradies in der Großstadt, das großzügiges und gleichzeitig stimmungsvolles Wohnen mit höchst entspannter Atmosphäre verbindet.

1 *Der Einraum für Essen, Kochen und Wohnen mit großen Fensterflächen und Zugang zum Atriumhof*

2 *Eingestellter Badkubus mit Überkopfverglasung. Links hinten das Schlafzimmer*

3 *Blick von der Wohnecke Richtung Hof*

1

2

3

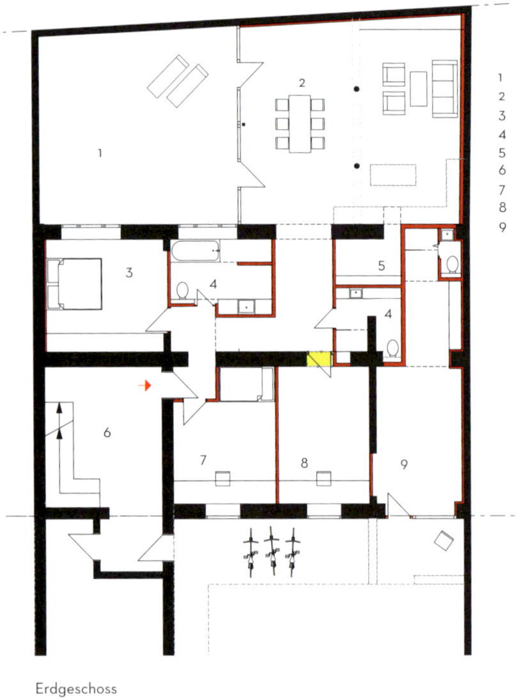

1 Atrium/Garten
2 Wohnen/Essen
3 Schlafen
4 Bad
5 HWR
6 TRH
7 Kind
8 Arbeiten
9 Babysitter

Erdgeschoss

WICHTIGE BAUDATEN

Standort: Köln
Ursprüngliche Erbauungszeit: 1924
Werkstatt/Wohnhaus:
Umbauzeitraum: 2016 (7 Monate)
Grundstücksgröße: ca. 650 m^2
Wohnfläche: vor/nach Umbau 45 m^2/144 m^2
zuzüglich 50 m^2 Atrium
Bruttorauminhalt (BRI):
vor/nach Umbau 160 m^3/504 m^3
Energiekonzept: Luftwärmepumpe
Heizenergiebedarf/Jahr nach Umbau: 85 kWh/m^2a
Gesamtkosten brutto: ca. 280.000 Euro

1

2

3

4

1 *Schlafzimmer mit großem Fenster zum Hof*

2 *Badezimmer mit Überkopfverglasung*

3 *Ansicht vom Gartenhof. Links der Loft-Raum, rechts Bade- und Schlafzimmer*

4 *Die erhaltenen Stützen wirken als gliedernde Elemente im ansonsten offenen Loft-Raum.*

NICHT WIEDERZUERKENNEN

Vom Nutzbau zum Traumwohnhaus

DAS WURDE GEMACHT

- Komplettumbau einer Gewerbescheune zum Wohnen und für eine Tischlerwerkstatt
- Einbau von Wohnräumen auf zwei Ebenen
- Anlage eines Dachgartens

Andrea und Thomas Hammermeister haben sich mit ihrer Firma für individuelle Innenarchitektur auf höchstem Niveau über Jahre hinweg einen ausgezeichneten Ruf erworben. Da verwundert es nicht, dass sie ihre Kenntnisse vor einigen Jahren auch in eigener Sache umsetzen wollten. Auserkoren wurde eine Gewerbescheune, die zum Wohnhaus für eine Familie mit Kindern und, im Erdgeschoss, zu einer Tischlerwerkstatt mit Büro umgebaut wurde.

Großzügige Raumstrukturen – Auf der Giebelseite fügte man ein neues Erschließungsbauwerk an, das sich im ebenerdigen Bereich als loggienartiger Säulengang zeigt und ein Vordach für die Werkstatt wie auch den Zugang zur Außentreppe bildet, im Obergeschoss fungiert es als Balkon für die hier befindlichen Wohnräume. Die Außentreppe führt zur ersten Wohnebene mit einem wunderbaren, der Traufseite vorgeschalteten Dachgarten, der an seinen Eckpunkten wirkungsvoll mit Platanen akzentuiert wird. Hier oben im privaten Bereich liegt der Eingang zum Wohnhaus, der aufgrund seiner Lage voll verglast werden konnte und direkt in die Wohnhalle mit dem Essbereich und einer gemütlichen Sitzecke übergeht. Linker Hand vom Eingang befindet sich die Küche mit einem langen Koch- und Bartresen, an dem zumeist untertags gegessen wird, gegenüber der Wohnbereich mit Bibliothek. Weiterhin sind auf dieser Ebene noch ein Büro sowie der Schlaf- und Badbereich der Eltern untergebracht, die Kinder haben ihr Reich unter dem Dach, mit einem Glasband im Flur und direktem Ausblick in die Wohnhalle.

Wohndesign mit Format – Wesentlich für den Innenraumeindruck ist neben der durchdachten Grundrissgestaltung der gekonnte Umgang mit natürlichem Licht und Schatten wie auch mit künstlicher Beleuchtung. So betonen in die Wände eingelassene Leuchtstelen die Geometrien der einzelnen Teilbereiche, in Böden, Wände und Decken eingelassene Spots sorgen für zurückhaltende Stimmung oder setzen Akzente. Ein kubisch geformter Kamin mit dreiseitig verglastem Sichtfenster wirkt als auch optisch sehr ansprechende Wärmequelle, die sowohl vom Wohnraum als auch vom Essbereich, der Entspannungsecke und der Küche aus im Blick ist. Weiße Wände machen gemeinsam mit perfekt gesetzten Fenstern und Dachverglasungen die Wohnräume sehr hell, die Deckenhöhen gerade im Bereich der Eingangshalle lassen den früheren schnöden Nutzbau fast kirchenartig wirken. Die Sichtachsen innerhalb der Geschosse als auch zwischen den Wohnebenen und die Ausblicke nach draußen sind perfekt gesetzt.

Handwerksqualität im Detail – Selbstverständlich hat auch der Umbau des Hauses von der eigenen Planungs- und Fertigungskompetenz profitiert – hier etwa das große Einbauregal mit versenkbarem Bildschirm im Wohnbereich, die Wanneneinbauten in den Bädern oder die nach eigenem Entwurf sondergefertigten Betten in den Kinderzimmern.

1 *Blick durch den Wohnraum zur Terrasse. Links das eingebaute Wandregal; unter dem Fensterbord links verbirgt sich ein TV-Bildschirm, der auf Knopfdruck hoch gefahren werden kann.*

2 *Außenansicht der früheren Scheune*

3 *Außentreppe zum Wohnbereich der Familie*

1

2

3

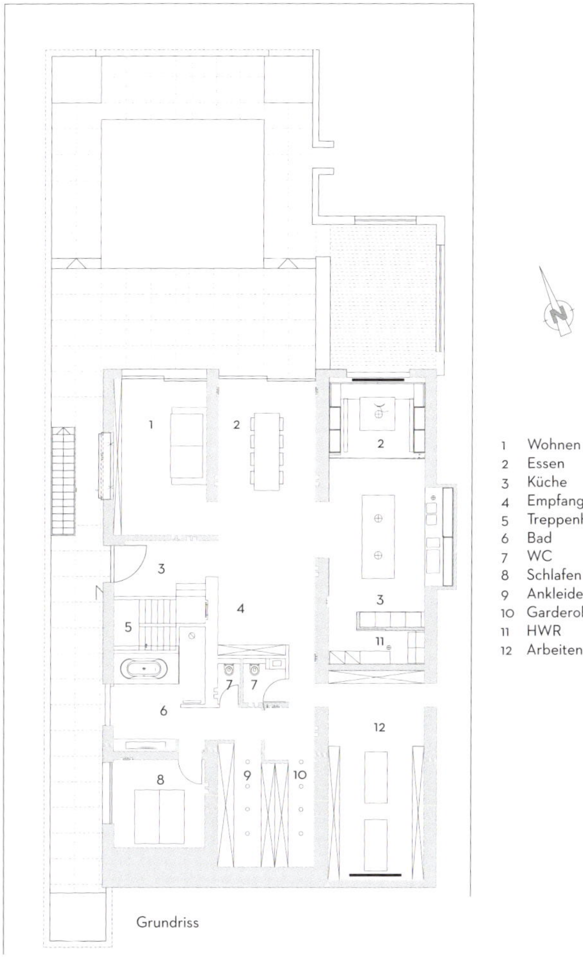

1 Wohnen
2 Essen
3 Küche
4 Empfangen
5 Treppenhaus
6 Bad
7 WC
8 Schlafen
9 Ankleide
10 Garderobe
11 HWR
12 Arbeiten

Grundriss

4

5

WICHTIGE BAUDATEN

Standort: Heinsberg (Nordrhein-Westfalen)
Ursprüngliche Erbauungszeit: um 1950
Umbauzeitraum: 1999–2005
Grundstücksgröße: ca. 2000 m²
Wohnfläche: nach Umbau ca. 280 m²
Energiekonzept: Gasbrennwerttherme
Gesamtkosten: keine Angaben

1 *Blick über den Essbereich zur Leseecke. Links der Durchgang zur Küche, rechts zum Wohnraum*

2 *Ein Sohn des Hauses am Kamin. Rechts der Zugang zum Wohnbereich*

3 *Perfekte Lichtregie in der Küche*

4-5 *Bad und Kinderzimmer im Obergeschoss*

EINE ZANGENFABRIK WIRD BEWOHNBAR

Sanierung und Umbau eines historischen Gewerbebaus

DAS WURDE GEMACHT

- Bautechnische sowie energetische Sanierung und Umbau einer ehemaligen Zangenfabrik, Umnutzung zum Wohnen und als Büro
- Neuordnung des Grundrisses, Einbau neuer Innenwände und Zimmer
- Neugestaltung der Außenbereiche

Beim Umbau einer ehemaligen Zangenfabrik in Remscheid stellte sich für das Team von welke architekten die Aufgabe, den Charakter des historischen Bauwerks zu erhalten beziehungsweise herauszuarbeiten, es aber gleichzeitig mit allen notwendigen Nutzungen und allem zeitgemäßen Komfort auszustatten.

Feuer und Flamme für die Sanierung – In ihren Bauherren, einem Ehepaar um die 50, die nach dem Auszug der Kinder nach einem ganz neuen Wohnkonzept suchten, fanden die Architekten begeisterte Mitstreiter. Fallweise ließen sie sich auch von Dingen überzeugen, denen sie anfangs mit Skepsis gegenübergestanden hatten. So erwies sich die Bewahrung der beiden zum Schmieden der Zangen genutzten Essen, die sich im älteren wie auch im neueren Bauabschnitt der Fabrik von 1902 beziehungsweise von 1913 befinden, im Nachhinein für alle Beteiligten als wahrer Segen. Neben der Aufarbeitung der Essen durch Neuverfugung und teilweisen Wiederaufbau warteten aber noch viele andere Aufgaben auf die Bauherren und ihre Planer: Um Altlasten zu entsorgen und eine zeitgemäße Abdichtung des Bodens mit betonierter, gedämmter Bodenplatte und darauf verlegten Leitungen für die Fußbodenheizung einbringen zu können, wurde er etwa 50 Zentimeter tief ausgekoffert. Zusätzlich installierte man eine Innenwanddämmung mit Wandheizungen; für die Wärmeversorgung ist heute eine Wärmepumpenheizung mit Eisspeichern und dachmontierten Wärmekollektoren zuständig. Die Eisenfenster wurden erhalten, entrostet und neu gestrichen sowie zu Kastenfenstern aufgedoppelt. Zu allererst mussten jedoch schwere Bauschäden behoben werden, indem etwa die Dachlaternen mit ihren Verglasungen und durch Wassereinbruch geschädigte Balken, marode Stellen im Mauerwerk und feuchtes Fachwerk auf der rückwärtigen Giebelwand saniert wurden.

Neuer Raumzusammenhang, alte Offenheit
Im Hinterhaus, dem neueren und größeren Gebäude, zog man boxenartig einige neue Wände ein und schuf so eigene Bereiche für Schlafen, Büro, Bibliothek, Bad und WC. Unter dem Dach, dessen Verglasung erneuert worden ist, blieb viel freier Luftraum, der die Gesamtabmessungen des Gebäudes erfahrbar macht. Wohnen, Essen und Kochen sind im Hauptraum vereinigt. Das ältere Gebäude dient vornehmlich als Büro, ab und an auch als stimmungsvolle Bleibe für Gäste.

1 *Wohnsituation mit restaurierter alter Esse und erneuerter Dachverglasung sowie Zugang zum Büro*

2 *Eingangsfassade des heutigen Wohnteils. Blick vom Gartenhof*

3 *Ansicht der geöffneten Giebelfassaden vom Schwimmteich*

1

2

3

1 *Neu eingebautes Schlafzimmer. Hinten die Rückwand der Esse*

2 *Im Badezimmer*

3 *Sagenhaftes Raumgefühl: Blick vom Wohn- zum Ess- und Kochbereich*

4 *Die Funktionen Kochen, Essen und Wohnen sind allesamt zur Terrasse und zum liebevoll angelegten Garten orientiert.*

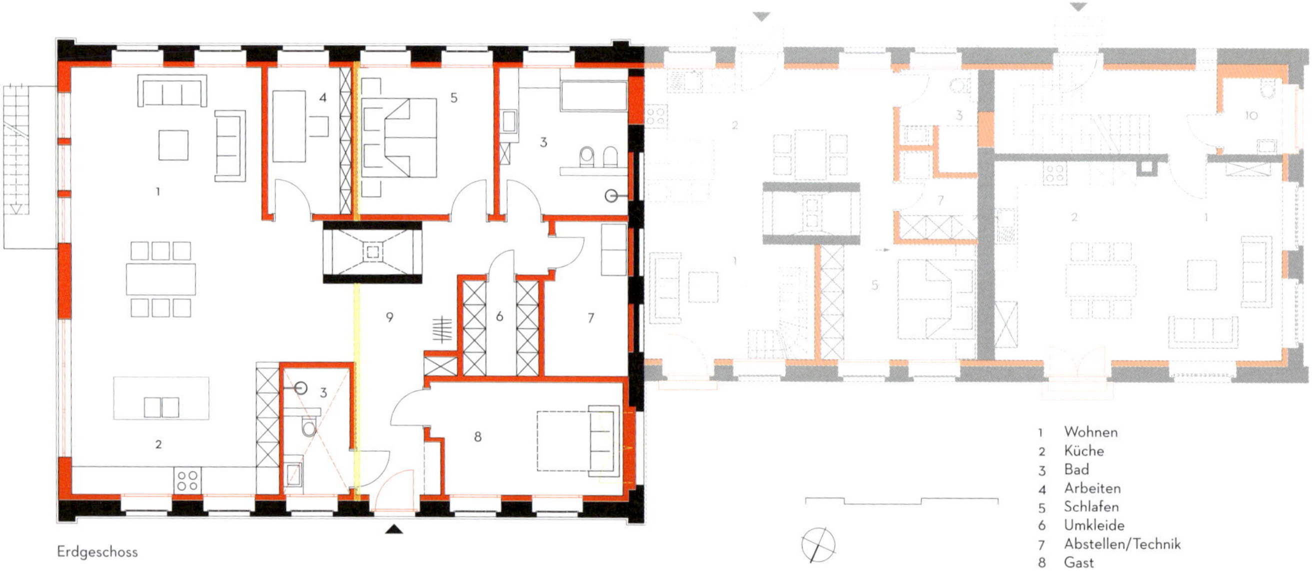

Erdgeschoss

1 Wohnen
2 Küche
3 Bad
4 Arbeiten
5 Schlafen
6 Umkleide
7 Abstellen/Technik
8 Gast
9 Diele
10 WC

3

4

WICHTIGE BAUDATEN

Standort: Wuppertal
Ursprüngliche Erbauungszeit:
Anfang des 20. Jahrhunderts
Umbauzeitraum: 2013–2014
Grundstücksgröße: 1831 m^2
Wohn- und Nutzfläche: nach Umbau
245 m^2 (Nutzfläche)/271 m^2 zuzüglich 60 m^2 Terrasse
Bruttorauminhalt (BRI): nach Umbau 1278 m^3
Energiekonzept: Wärmepumpe und Eisspeicher
Heizenergiebedarf/Jahr nach Umbau: 39,34 kWh/m^2a
Gesamtkosten: keine Angaben

NEUES WOHNEN IM HINTERHOF

Umbau eines Bürogebäudes zum Bungalow

DAS WURDE GEMACHT

- Umbau eines alten Bürogebäudes zum Wohnen
- Entkernung des Innenraums, völlige Neugestaltung des Grundrisses
- Dämmung der Außenwände und des kompletten Dachbereichs, Neuaufbau der Dachkonstruktion

Vorher

Gerade in Großstädten kommt der Nutzung von Restflächen immer größere Bedeutung zu. Hierzu zählt auch die Umnutzung von gewerblich genutztem Raum, wie hier im Hinterhof eines gründerzeitlichen Anwesens mitten in Köln. Ein früheres Bürogebäude in eingeschossiger Bauweise und von eher unscheinbarer Natur wurde hier als Möglichkeit zu privatem, innerstädtischem und doch intimem Wohnen auserkoren. Unmittelbar anschließende Gärten mit altem Baumbestand bilden ein perfektes grünes Umfeld.

Alte Kubatur, neue Erscheinung – Genehmigungsrechtlich stand der Umnutzung des Bürogebäudes aus den 1950er-Jahren grundsätzlich nichts entgegen, solange diese nicht zu einer Vergrößerung der bebauten Fläche bzw. Veränderung der Kubatur führte. So blieben die Außenmauern stehen – eine auch im Hinblick auf die Kosten sinnvolle Maßnahme –, wurden aber ebenso wie die teils erneuerte Dachkonstruktion außen gedämmt. Im Bereich der Küche ist nun ein Oberlicht mit größeren Deckenhöhen zwischengeschaltet. Das Fassadenbild veränderte sich grundlegend. Im eingezogenen Bereich auf der Nordostseite entstand eine Terrasse, die durch eine efeuberankte Umfriedung vor direkten Einblicken geschützt ist und so einen intimen Charakter erhält. Ein transparentes Dach schützt vor Regen und nimmt doch den Innenräumen keine Helligkeit weg. Der angrenzende Wohn- und Essbereich wird durch große Fensterflächen optimal belichtet, während die direkt zum Hof exponierten Räume wie Küche und Schlafzimmer nur mit wenigen, teils bandartigen Fenstern in Überkopfhöhe versehen sind.

Neuer Grundriss mit durchdachter Zonierung – Der sehr kleinteilig strukturierte Innenraum wurde komplett neu gestaltet, alle Innenwände wurden entfernt. Zwei Sichtbetonkuben, die Bad, Arbeitszimmer und das Entree aufnahmen, fungieren als wirksame Raumteiler. Ansonsten ist die mit 86 Quadratmetern überschaubare Wohnfläche bewusst durchgängig gestaltet, um sie größer erscheinen zu lassen, was auch vom einheitlichen Parkettbelag unterstützt wird. So gibt es einen direkten Durchblick vom Wohn-/Essbereich durch die Küche bis in den hintersten Winkel des Schlafzimmers. Neben den großen Belichtungsöffnungen im Wohn-/Essbereich sorgen mehrere kreisrunde Oberlichte für selbst bei trübem Wetter optimale Raumhelligkeit und kompensieren so vollkommen, dass auf der Nordost- und Südseite wegen der Lage auf der Grundstücksgrenze keine Fensteröffnungen erlaubt waren.

1 *Essplatz direkt am großen Fenster mit direkter Verbindung zur Terrasse und Wohnbereich mit kreisrundem Oberlicht*

2 *Blick vom Wohnbereich zur Terrasse und in die Küche*

3 *Küchenblock mit Oberlicht, kaminartigem Edelstahlrauchabzug und Blick in das Schlafzimmer*

1

2

3

Standort: Köln
Ursprüngliche Erbauungszeit Bürogebäude: 1950er-Jahre
Umbauzeitraum: 2006–2007 (9 Monate)
Grundstücksgröße: ca. 130 m²
Wohnfläche: nach Umbau 86 m²
Bruttorauminhalt (BRI): nach Umbau 391 m³
Energiekonzept: Gasbrennwerttherme
Gesamtkosten brutto: ca. 160.000 Euro

1 Hofansicht mit dem Eingang. Die begrünte Einfriedung links verleiht der Terrassensituation einen intimen Charakter. Ganz rechts hinter dem Fensterband befindet sich das Schlafzimmer.

2 Durchblick vom Schlafzimmer bis zum Wohnbereich. Der Raum kann bei Bedarf mittels einer – hier im Betonkubus links versenkten – Schiebetür verschlossen werden.

3 Schlafzimmer mit bandartigem Fenster, das Privatheit schafft.

4 Blick in das durch ein Oberlicht erhellte Badezimmer

Grundriss

2

3

4

AUSSERGEWÖHNLICHE EINHEIT

Umbau und Erweiterung eines Bauernhauses

DAS WURDE GEMACHT

- Umbau und Sanierung eines Bauernhauses
- Anpassung des Raumprogramms
- Ausbau des Dachbereichs als Wohnraum
- Teilweise energetische Sanierung durch Dach- und Außenwanddämmung
- Erweiterung und teilweise Anpassung des Bestands

Die Anpassung von ländlichen Gebäuden und ihre Kombination mit neuen Bauteilen ist eine herausfordernde architektonische Aufgabe. Dass die Bewahrung der vorhandenen Wertigkeiten mit einem modernen Gestaltungsanspruch in Einklang gebracht werden kann, zeigt dieses Beispiel eines oberösterreichischen Bauernhauses. Das Architektenteam Hammerschmid Pachl Seebacher erreichte hier eine perfekte Melange aus rauer Bodenständigkeit und zeitgemäßer Formensprache.

Harmonische Wirkung, angepasste Architektur – Während der historische Wohnteil in seinem äußeren Erscheinungsbild erhalten blieb, wurde der in den letzten Jahrzehnten des Öfteren umgestaltete, vormals überwiegend landwirtschaftlich genutzte Querbau außen komplett gedämmt, mit einer natürlich vergrauenden, traditionellen Holzschalung aus sägerauer Fichte versehen und im Bereich des Ober- beziehungsweise Dachgeschosses ausgebaut. Hier entstand ein großer, offener Wohn-, Ess- und Kochbereich. Im Bereich des historischen Wohnteils passte man punktuell die Raumzuschnitte und die Erschließung an.

Erweiterung von hoher Qualität – Der nach Nordwesten orientierte Querbau wurde um eine Garage mit einem darüber liegenden überdachten Freisitz erweitert, dessen Dachform die des Altbaus zitiert. Auch die Gebäudehöhe des alten Hofgebäudes wird übernommen. So entsteht trotz deutlich abzulesender Umgestaltungsmaßnahmen eine überzeugende Gesamterscheinung. Die einzelnen Bauteile ergänzen sich zu einer geschlossenen Form, die zudem einen angenehmen, atriumartigen Bereich schafft.

Auf den heutigen Stand gebracht – Die Überarbeitung der äußeren Hülle mit dem Ergebnis einer sehr guten Luftdichtigkeit und einer hoch effizienten Dämmung schuf die Voraussetzungen für den sehr guten Energieverbrauchswert. Geheizt wird mit einer neuen Pelletzentralheizung, in den neuen oder umgestalteten Bereichen wird die Wärme über Fußbodenheizungen, ansonsten über Radiatoren abgegeben.

1–3 *Außenansichten mit Erweiterung und altem Wohnteil*

1

2

3

1

WICHTIGE BAUDATEN

Standort: Mühlviertel/Oberösterreich
Ursprüngliche Erbauungszeit: nicht bekannt
Umbauzeitraum: 2013–2015
Grundstücksgröße: 1591 m²
Wohn- und Nutzfläche: vor/nach Umbau 110 m²/333 m²
Bruttorauminhalt (BRI): nach Umbau 1562 m³
Energiekonzept: Pelletzentralheizung
Heizenergiebedarf/Jahr nach Umbau: 48 kWh/m²a
Gesamtkosten: keine Angaben

1 Garage
2 Bad
3 Arbeiten
4 Eingang
5 Terrasse
6 Wintergarten
7 WC
8 Schrankraum
9 Essen
10 Küche
11 Schlafen
12 Abstellraum
13 Wohnen
14 Kinderzimmer

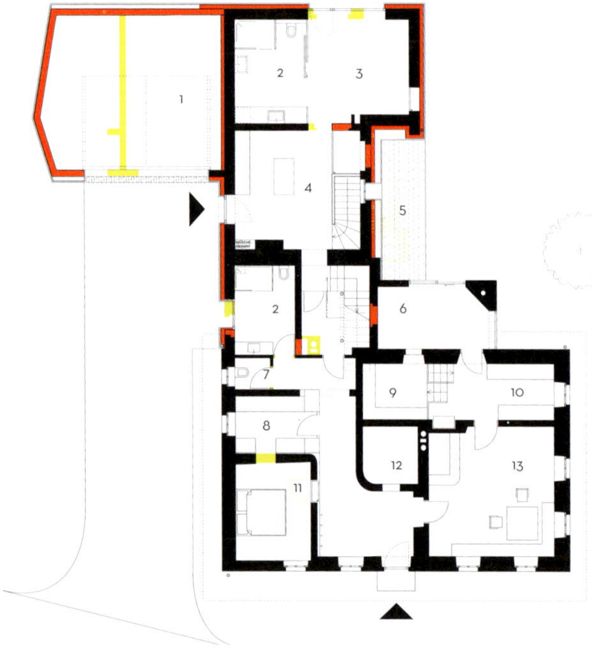

Erdgeschoss

Obergeschoss

2

1 Blick durch die Küche im neuen Wohnteil

2 Blick durch den Essbereich zur Loggienterrasse und in die Landschaft

3 Nischenartige Fenstersituation mit Sitzgelegenheit auf dem Einbaumöbel

3

DENKMALRETTUNG UND NEUE AKZENTE

Sanierung eines Chiemgauer Hofs mit Scheunenausbau

DAS WURDE GEMACHT

- Sanierung und Umbau eines Einfirsthofs von 1827
-
- Ausbau des Stadels zum Wohnen und als Multifunktionsraum

So stellen sich viele Menschen einen bayerischen Bauernhof vor – typische Fassadengliederung mit Holzsprossenfenstern und Klappläden, gekalkte Fassaden, Holzbundwerk. Und so sieht der Hof von Architekt Martin Hirner aus, den er vor einigen Jahren erworben und zusammen mit seiner Frau Birgit Esslinger-Hirner von Grund auf saniert hat. Jedoch war es bis zum heutigen Zustand ein weiter Weg.

Grundlegende Sanierung mit Fachkenntnis und Herzblut – Der am Chiemsee gelegene Forstnerhof, so der historische Hausname, war 1827 als Einfirsthof errichtet worden. Das heißt, Wohnteil, Stall und Scheune sind unter einem gemeinsamen Dachfirst vereinigt. Nach der Aufgabe der Landwirtschaft in den 1960er-Jahren wurde der Hof vermietet. Nach dem Erwerb 2006 begann die Bestandsaufnahme, die einen beträchtlichen Sanierungsbedarf ergab. Die beschädigte Dachdeckung hatte zum Eindringen von Wasser und zur Schädigung praktisch des gesamten Dachstuhls geführt, der komplett erneuert werden musste. Die übrige Holzkonstruktion wurde nur partiell ersetzt oder ergänzt, alle intakten Partien blieben erhalten. Wo möglich, setzte man sogar traditionelle Holzdübelverbindungen ein. Alle neuen Hölzer wurden in einem nahe gelegenen Wald eingeschlagen, von einem örtlichen Sägewerk verarbeitet und von einer lokalen Zimmerei eingebaut. Das Mauerwerk musste im erdberührten Bereich aufgegraben, die Fundamente mussten abschnittsweise neu erstellt werden. Unter dem im Sockelbereich erneuerten Kalkputz verlegte Kupferrohre beheizen die Räume und tragen dazu bei, die Außenmauern trocken zu halten. Im historischen Wohnteil, der auch an Gäste vermietet wird, helfen zusätzliche Fenster mit Wärmeschutzverglasung, das Haus warm zu halten. Im Erdgeschoss musste der Boden entfernt, das Erdreich ausgehoben und eine neue, gedämmte Bodenplatte eingebracht werden. Darauf verlegte man teils alte, teils neue Solnhofener Platten und Bohlenbretter aus einem Abbruchhaus. Grundsätzlich bemühte man sich nach Kräften um den Erhalt des traditionellen und bescheidenen Charakters; so wurden die wunderschönen Wandmalereien in der Stube und im Flur sichtbar gemacht, die alten Türen und Fenster aufgearbeitet und wieder eingebaut und die Dielen im Obergeschoss belassen.

Neue Akzente im alten Stadel – Der zuvor gar nicht ausgebaute Stadel sollte dem Hof im Konzept des Architekten einen neuen, offenen und großzügigen Aspekt hinzufügen, ohne dessen Charakter zu zerstören. Es entstand ein mit nur wenigen Einbauten versehener, bis zur hohen Decke geöffneter Multifunktionsraum mit ineinander übergehendem Wohn-, Koch- und Essbereich. Ein großer Flügel deutet schon darauf hin, dass der Raum von Zeit zu Zeit auch für Jazzkonzerte der Öffentlichkeit zugänglich gemacht wird. Der Westgiebel wurde komplett verglast und ermöglicht so eine wunderbare Aussicht in die Landschaft. Eine davor montierte Holzkonstruktion mit manuell beweglichen Lamellen hält dabei den Charakter der traditionellen senkrechten Holzverschalungen lebendig.

1 In der ausgebauten Scheune. Blick über Essplatz und Küche zum Wohnbereich

2 Neue Verglasungen sorgen allzeit für eine taghelle Belichtung des Ess- und Kochbereichs.

3 Blick durch den Multifunktionsraum, der auch für Konzerte genutzt wird.

1 *Galerie mit Leseecke in der ausgebauten Scheune*

2 *Blick durch den bis zur Decke geöffneten Multifunktionsraum. Der mit rot eingefärbtem Lehm verputzte Holzscheitofen fungiert auch als Raumteiler und als Kochstelle.*

3 *Giebelansicht des historischen Wohnteils*

4 *Blick durch die alte Stube*

5 *Freigelegte Wandmalerei in der Stube*

WICHTIGE BAUDATEN

Standort: am Chiemsee (Oberbayern)
Ursprüngliche Erbauungszeit: 1827
Umbauzeitraum: 2006–2008 (historischer Wohnteil)/2010–2011 (Scheune)
Grundstücksgröße: 2925 m²
Wohnfläche: nach Umbau 380 m²
Bruttorauminhalt (BRI): nach Umbau 2390 m³
Energiekonzept: Wärmepumpe mit Flächenkollektor, Holzscheitofen (in Energieberechnung nicht berücksichtigt)
Heizenergiebedarf/Jahr nach Umbau: 29,7 kWh/m²a
Gesamtkosten brutto: ca. 1.215.000 Euro

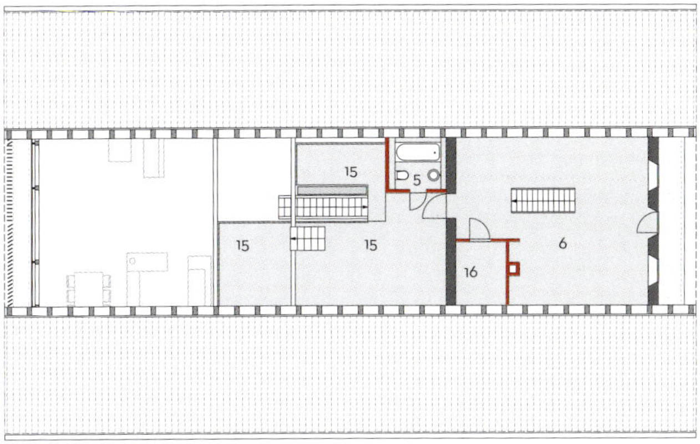

Dachgeschoss

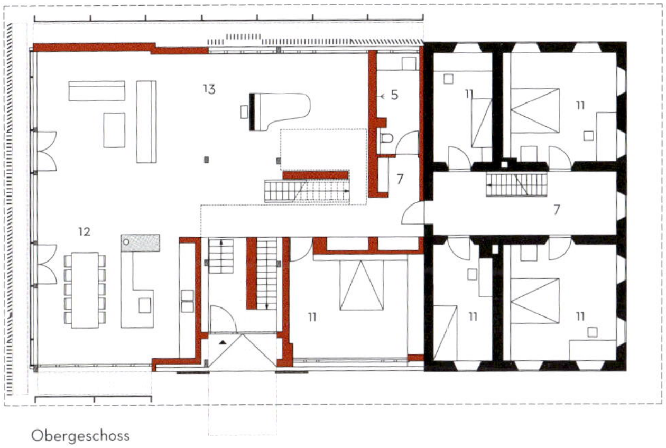

Obergeschoss

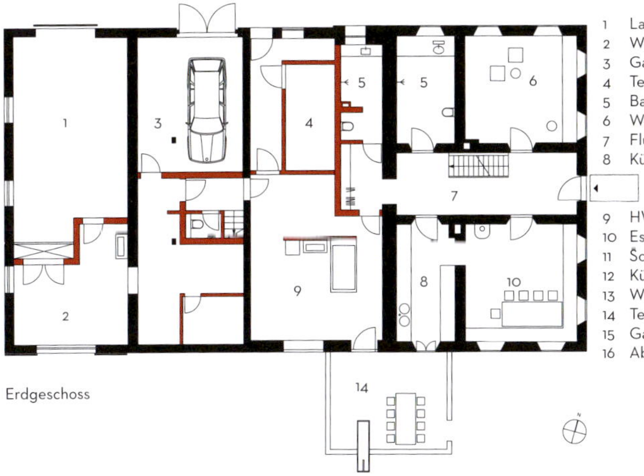

Erdgeschoss

1 Lager
2 Werkstatt
3 Garage
4 Technik
5 Bad
6 Wohnraum
7 Flur
8 Küche
9 HWR
10 Essraum
11 Schlafraum
12 Küche/Essraum
13 Wohnraum/Musikraum
14 Terrasse
15 Galerie
16 Abstellraum

3

4

5

RESIDIEREN UNTER REET

Sanierung und teilweiser Umbau eines Reetdachhauses bei Bremen

DAS WURDE GEMACHT

- Sanierung und Umbau eines Bauernhauses
- Teilweiser Ausbau des Erd- und Dachgeschosses für Essen und Kochen, Schlafen, Badezimmer und Gäste
- Sanierung und schonende Anpassung des früheren Wirtschaftsteils

Vorher

Für ein architekturaffines Ehepaar um die 60 entstand in einem früheren Bauernhaus bei Bremerhaven, im Marschland der Weser, ein ebenso authentisches wie elegantes Wohn- und Erlebnishaus. Zusammen mit dem beauftragten Architekten Ronald Kirsch sanierten sie mit großem persönlichen Einsatz das wohl zu Beginn des 19. Jahrhunderts errichtete niedersächsische Zweiständer-Hallenhaus, das zum Zeitpunkt des Erwerbs bereits seit Längerem leer gestanden hatte und schwere Bauschäden aufwies. Die Eigentümer, die Erfahrung mit Wohnen in einem Loft hatten, wollten bewusst nicht zu viel des Guten tun, sondern vielmehr den ursprünglichen, bodenständigen Charakter des Gebäudes erhalten.

Sanieren und stabilisieren – Zunächst war der Bau zu sichern und bewohnbar zu machen. Unter anderem waren die Balkenlage und andere Teile der Tragkonstruktion zu überarbeiten und teilweise anzustücken, vor allem aber galt es die nur unzureichend fundamentierten Ständer, die wegen der geringen Tragfähigkeit des Marschbodens in den Untergrund eingesackt waren, zu stabilisieren. So wurden die intakten Teile der Ständer nach dem Auskoffern des Bodens und dem Einbringen einer neuen, gedämmten und temperierten Bodenplatte aus Beton auf Ziegelfundamente gesetzt. Den hallenartigen Charakter des früheren Viehstalls mit einer Fläche von etwa 200 Quadratmetern blieb erhalten; keinerlei Einbauten verunklaren das unvergleichliche Raumgefühl. Das Mauerwerk musste trockengelegt werden, die durch frühere Um- und Einbauten verursachten Spuren am Mauerwerk hielt man bewusst sichtbar. Da dieser Teil des Hauses nur im Sommer genutzt wird, konnte auch das Dach ungedämmt bleiben. Allerdings besitzt auch das Reet selbst, dessen schadhafte Partien bei der Sanierung ausgetauscht wurden, eine gewisse Dämmwirkung. Die Betonkernaktivierung der Bodenplatte sorgt zudem für eine Temperierung des Raums. Die große Esstafel, mehrere Sitzecken und eine Bar scheinen in der kirchenähnlichen Halle zu verschwinden. Gesteigert wird die Raumwirkung noch durch die großflächige Entfernung der alten Dielenbretter des Heubodens, wodurch nun das Reetdach auch von innen erlebbar ist. Das Obergeschoss des eigentlichen Wohntrakts wird über eine am Ende der Halle eingestellte Treppe erschlossen, die über eine Lesegalerie führt.

Vorhandenes bewahren, Notwendiges anpassen – Bei allem Bemühen um Bestandsbewahrung war es notwendig, punktuell für verbesserte Belichtung zu sorgen. Das straßenseitige ehemalige Einfahrtstor wurde mit einer verglasten Stahlkonstruktion mit integrierter einflügeliger Haustür versehen, die Glasausschnitte nehmen die alte Einteilung der früheren *Grote Dör* auf. Die alten Stallfenster auf der Nordseite wurden teils bis zum Boden vertieft, sodass zum Hof hin eine komplett neue Fensterfront entstand. Im alten Wohnbereich, der thermisch vom früheren Stall getrennt ist, hat man historisch stimmig weiße Sprossenfenster mit sogenannten Stangenbeschlägen (»Bremer Stange«) eingebaut.

1

2

3

1 Straßenansicht nach Sanierung mit dem Westgiebel, gleichzeitig Eingangsseite

2 Ansicht des Ostgiebels vom Garten mit dem historischen Wohnteil

3 Atriumartige Hofsituation

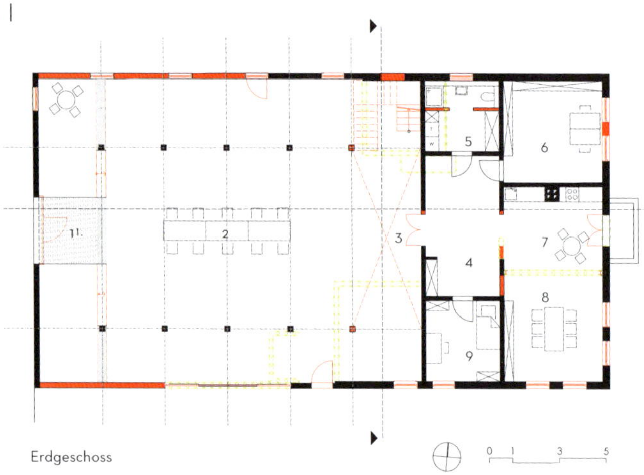

Erdgeschoss

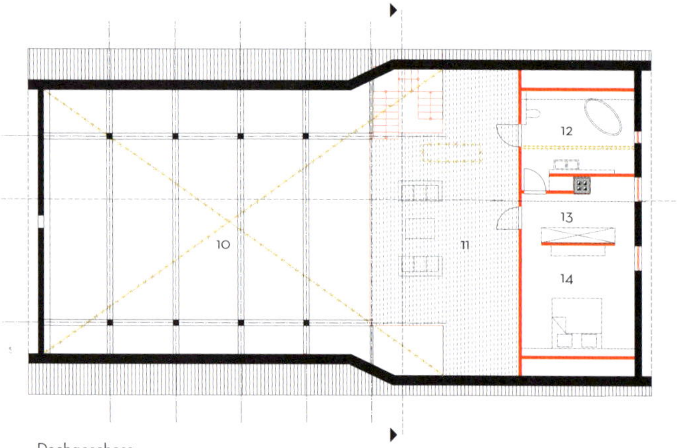

Dachgeschoss

1 Foyer
2 Diele
3 Flett
4 Garderobe
5 HWR/WC
6 Arbeiten
7 Kochen
8 Essen
9 Gäste
10 Luftraum
11 Galerie
12 Bad
13 Ankleide
14 Schlafen

1

2

WICHTIGE BAUDATEN

Standort: bei Bremerhaven
Ursprüngliche Erbauungszeit: um 1800
Umbauzeitraum: 2017
Grundstücksgröße: ca. 3730 m²
Wohn- und Nutzfläche (Hauptgebäude): vor/nach Umbau 402 m²
Bruttorauminhalt (BRI) (Hauptgebäude): vor/nach Umbau 2212 m³
Energiekonzept: Sole-Wasser-Wärmepumpe mit Erdsonden, Betonkernaktivierung/Temperierung der Sohlplatte
Gesamtkosten: keine Angaben

1 *Schlafzimmer im Dachgeschoss*

2 *Badezimmer unterm Dach mit frei stehender Wanne*

3 *Lesegalerie unter dem Reetdach*

4 *Blick durch die offene Halle mit »schwebendem« Kamin*

3

4

GROSSARTIG BODENSTÄNDIG

Sanierung und Umgestaltung eines Engadiner Bauernhauses

DAS WURDE GEMACHT

- Sanierung und Umbau eines Engadinerhauses, teilweiser Rückbau/Anpassung der Fassaden
- Weitgehende Neuordnung des Grundrisses und des Raumprogramms
- Sanierung der früheren Scheune
- Umbau des Stalls zur Garage

Bei der Betrachtung so manchen Ortes verfestigt sich der Eindruck, dass sich der historische Gebäudebestand immer nur zum Nachteil verändert. Die schon fast als Wiederauferstehung zu bezeichnende Sanierung und Umgestaltung dieses Hauses zeigt, dass es auch ganz anders geht. Seine Eigentümer sahen die im Bestand verborgenen Wertigkeiten und beauftragten das Zuozer Architekturbüro Klainguti + Rainalter, dem Gebäude seine alten Qualitäten zurückzugeben und neuen Wohnwert zu schaffen.

Rückbau und neue Lösungen – Das in Teilen auf das Mittelalter zurückgehende Haus in der Ortsmitte war hinsichtlich Fassadengestalt und Innenraumgestaltung bei einem brachialen Umbau in den 1970er-Jahren stark in Mitleidenschaft gezogen worden, wobei unter anderem Stahlbetondecken eingezogen, die meisten historischen Einbauten zerstört und die Raumstruktur so verändert wurde, dass zwei Wohnungen geschaffen werden konnten. Im Jahr 2014 wurde es wieder zum Einfamilienhaus, die vorhandenen unsachgemäßen Einbauten der 1970er-Jahre entfernte man (abgesehen von den Decken) weitestgehend. So bot sich die Chance, das Raumprogramm nach den Bedürfnissen der neuen Eigentümer zu gestalten. Ganz oben, unter dem neu gedämmten und mit Kupfer gedeckten Dach entstand ein großzügiger Raumzusammenhang mit eindrucksvollen Deckenhöhen, der in einen Koch- und Essbereich sowie einen Wohnraum unterteilt ist. Darunter wurden die Räume der Eltern und Kinder sowie die Bäder untergebracht.

Eine Scheune als archaisches Relikt – Wesentlich für die neue Raumwirkung ist die enge visuelle Beziehung zur alten Scheune, die durch Verglasungen vom Treppenhaus, aber vor allem vom Erschließungsbereich des Erdgeschosses aus in Szene gesetzt wird. Die Toreinfahrt wurde beim Umbau komplett verglast, das alte Tor blieb erhalten. Die zunächst für eine Wohnnutzung vorgesehene Blockbohlenscheune hat man letztlich als Kaltraum erhalten und lediglich die Holzkonstruktion gereinigt. So erscheint die Ansicht auf das Gebäude vom Inn aus komplett stimmig, und auch die erneuerten modernen Lärchenholzfenster harmonieren perfekt mit dem Altbestand. Die von der Straße über eine Rampe erreichbare *cuort* wurde erhalten und mit einem Natursteinbelag versehen. Von dort gelangt man in einen Gästebereich und in den früheren, unterhalb der Scheune situierten Stallbereich, der nun als Garage mit gläserner Bürobox ausgebaut worden ist.

1 *Blick durch die Garage, früher Viehstall, mit gläsernem Bürokubus und Durchgang zur* cuort

2 *Straßenansicht mit Zugang und Zufahrt zum* suler *(rechts), links hinunter zur* cuort

3 *Blick vom Heustall aus dem 17. Jahrhundert zum bewohnten Teil des Gebäudes, im Erdgeschoss schließt sich der* suler *an.*

4 *Ansicht vom Inn. Links hinten ein Gebäudeteil mit angepasster Fassadengestalt*

1

2

3

4

1

2

3

WICHTIGE BAUDATEN

Standort: Oberengadin (Schweiz)
Ursprüngliche Erbauungszeit: im Kern wohl 15. Jahrhundert, mehrere Veränderungsphasen (etwa 1930er- und 1970er-Jahre)
Umbauzeitraum: 2014
Grundstücksgröße: 1033 m²
Wohn- und Nutzfläche (Hauptgebäude): vor/nach Umbau 347 m²/467 m²
Bruttorauminhalt (BRI) (Hauptgebäude): vor/nach Umbau 1922 m³
Energiekonzept: neuer Fernwärmeanschluss an die Holzschnitzelheizung einer nahen Zimmerei
Gesamtkosten: keine Angaben

1 *Wohnzimmer im Dachgeschoss mit neuem Panoramafenster Richtung Südwesten, das für eine großzügige Belichtung sorgt. Der von den Architekten entworfene Ofen ist aus rohem Stahl gefertigt.*

2 *Der weiße Kubus (links im Bild), in dem sich ein Vorratsraum und WC befinden, separiert Essen und Kochen vom Erschließungsbereich. Der Küchenblock besitzt einen »Stahlmantel«.*

3 *Essbereich mit Ausblick in den Heustall (rechts). Die Felder zwischen der historischen Dachkonstruktion wurden mit Lärchenholzbrettern verschalt.*

4 *Flur mit Fensternische, die, wie bei Engadiner Bauernhäusern traditionell üblich, trichterförmig ausgebildet ist. Sie wurde hier mit rohem Stahl verkleidet.*

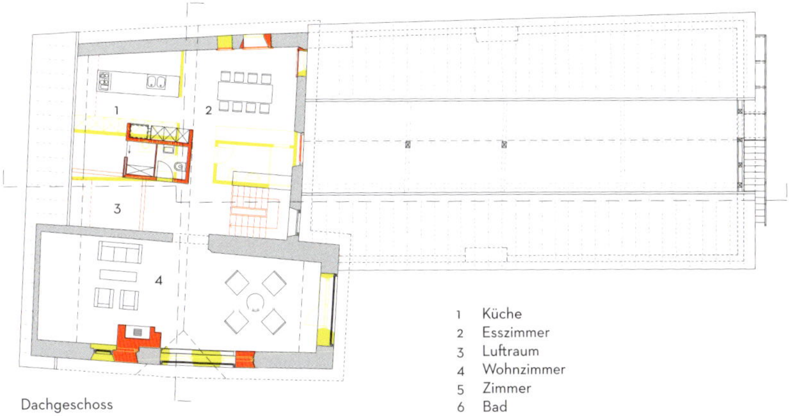

Dachgeschoss

1 Küche
2 Esszimmer
3 Luftraum
4 Wohnzimmer
5 Zimmer
6 Bad
7 Ankleide

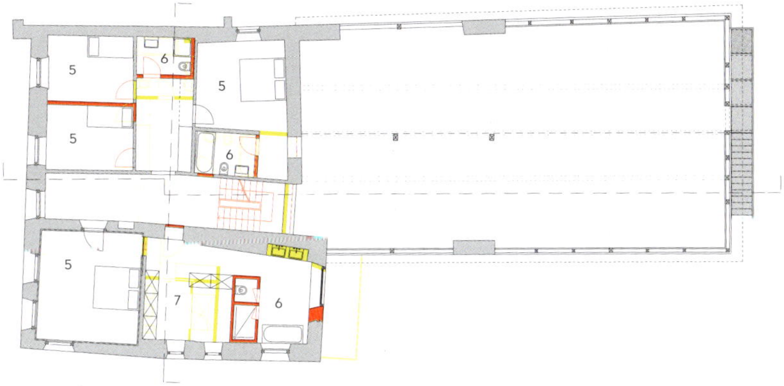

1. Obergeschoss

DER DUFT DES ARVENHOLZES

Wohnungsum- und -rückbau auf hohem Niveau

DAS WURDE GEMACHT

- Rück- und Umbau einer Altbauwohnung in einem herrschaftlichen Haus aus dem 17. Jahrhundert
- Klärung des Grundrisses, Herausarbeitung alter Beläge und Oberflächen

Vorher

Manche Umbaumaßnahme ähnelt eher der Tätigkeit eines Archäologen, der Schicht um Schicht herausarbeitet, um schließlich zum Wesen des Vorgefundenen zu gelangen. Die Architekten Christian Klainguti und Gian-Reto Rainalter gingen beim Umbau der Vierzimmerwohnung im Oberengadiner Ort Zuoz in etwa so vor, indem sie zunächst den unter unsachgemäßen Einbauten der 1960er-Jahre verschütteten Bestand sichteten, die Rückbauten entfernten und die unter Teppich- und PVC-Belägen oder Werkstoffplatten verborgenen Arvenholzoberflächen zutage brachten. So wurde die hohe bauliche Qualität des Anwesens, das von der im Engadin berühmten Familie Planta errichtet worden war, adäquat ins Heute übertragen.
Wohlfühlen mit dem Holz der Arve – Gereinigt verströmt das vor Jahrhunderten eingebaute Holz des im Engadin heimischen Nadelbaums wieder seinen angenehmen Geruch. Freigelegt oder neu verlegt wurden historische Holzböden im Ess- und im Wohnzimmer (ehemals *chambra),* das komplett mit Arvenholz ausgekleidet ist und sich heute wieder fast wie vor mehreren Hundert Jahren zeigt – abgesehen von der in den 1960er Jahren erfolgten Anhebung der Decken und der Vergrößerung eines Fensters, das der Belichtung durchaus gut tut. Das Esszimmer, die ehemalige Sommerstube aus dem 17. Jahrhundert, wurde grau gestrichen. Im Wohnzimmer *(chambra)* wurde ein neuer Arvenholzboden verlegt, alle übrigen Zimmer bekamen Lärchenholzböden.

Altes und Neues zusammenwirken lassen
Die vorgefundenen, teils aus der Erbauungszeit stammenden Holztüren hat man aufgearbeitet und wieder eingebaut, historisches Mobiliar harmoniert mit hochwertigem modernen Design, das zum Teil von Aita Bott entworfen worden ist. In der Küche korrespondiert etwa eine Sitzecke im typischen Engadiner Stil mit der neuen, kubischen Kochinsel. Der Eingangsbereich ist umstrukturiert und das bestehende Bad entfernt worden, das neue Badezimmer entstand ebenso wie das Büro und das Schlafzimmer aus der Zusammenlegung von kleineren Zimmern mit dem Korridor. Es entstand ein unprätentiöses und feinfühliges Ganzes, das gerade durch seine Zurückhaltung und die enge Verbindung von Alt und Neu höchste Wohnqualität geschaffen hat.

1 *Die* chambra *(Schlafzimmer), heute Wohnzimmer. Die Wände bis zum Fries und das kleine Fenster stammen aus dem 18. Jahrhundert.*

2 *Hauptfassade des Doppelhauses direkt am Platz mit dem Dorfbrunnen*

3 *Oberer Eingang (Haupteingang), früher von Menschen und Tieren (Heuwagen) genutzt. Der untere Eingang (rechts) war früher der Zugang zum Stall.*

1

2

3

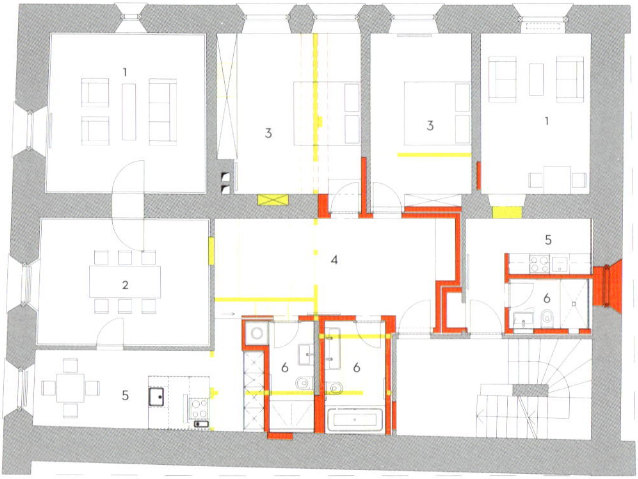

1 Wohnen
2 Essen
3 Zimmer
4 Eingang
5 Küche
6 Bad

Grundriss

1 *Das Schlafzimmer entstand beim Umbau aus ehemaliger Küche und Korridor. Es erhielt einen neuen Lärchenboden und eine Lärchentüre.*

2 Suler sur *(Korridor und Eingangsbereich) mit originalen Decken aus Lärchenholz und neuem, massivem Lärchenholzboden*

3 *Die Sommerstube* (stüva sur) *mit originalem Boden aus Arvenholz. Links der Durchgang zur Küche*

4 *Durchblick vom Wohnzimmer durch die* stüva *in die Küche*

5 *Moderne weiße Küche mit Durchblick zur Arvenholzstube* (stüva)

WICHTIGE BAUDATEN

Standort: Zuoz/Oberengadin (Schweiz)
Ursprüngliche Erbauungszeit: um 1636
Umbauzeitraum: 2013 (6 Monate)
Grundstücksgröße: 292 m²
Wohnfläche: nach Umbau 121 m²
Energiekonzept: Bestand
Gesamtkosten: keine Angaben

3

4

5

ARCHAISCHER WOHNLOFT

Sanierung und Scheunenausbau eines Bauernhofs

DAS WURDE GEMACHT

- Sanierung eines Bauernhofs aus dem 17. Jahrhundert
- Ausbau der Scheune zum loftartigen Wohnen

Vorher

Wunderbare alte Gehöfte wie dieser Mühlviertler Einfirsthof aus dem 17. Jahrhundert atmen förmlich den Geist der Jahrhunderte, und dies ist auch ganz wörtlich gemeint. Das kann der Geruch nach Heu, Stroh und Holz sein, oder, wie hier, nach Geräuchertem aller Art, wo es beim Umbau um die alte »Rauchkuchl« und die nicht mehr genutzte Scheune ging. Die Bauherren wünschten sich dort einen Bereich zum Entspannen und Wohlfühlen, der den Innenraum wie auch den Garten einbeziehen und die Sonne ins Haus holen sollte.

Dem Geist des Ortes nachspüren – Der Architekt Siegfried Meinhart versteht sich darauf, Architektur und Landschaftsarchitektur gleichermaßen mit Feingefühl und Bezug zum spezifischen Genius Loci zu entwerfen. Insofern betrachtete er nicht nur Innen- und Außenraum als Einheit, sondern setzte dies auch, dem vorgegebenen Gelände am Hang folgend, mustergültig um. Die alte Rauchküche ist nun ein Entspannungsbad mit Steinbadebottich, der vom Hof stammt und nur hierher »verpflanzt« worden ist. Ein Teil des früheren Heustadels wurde zur Sommerküche umfunktioniert, die das Beschützende des historischen Gemäuers mit neuer Helligkeit und Außenbezug verbindet. Um die Belichtung entscheidend zu verbessern, hob man das Dach auf das Niveau des angrenzenden historischen Wohnteils an; der dadurch auf der Südseite entstandene Spalt zur Mauerbank und der anschließende Dachbereich wurden rahmenlos verglast. Zur Hangseite im Norden hin wurde die Außenwand mit Panoramascheiben und Schiebefenstern versehen und somit eine sehr unmittelbare Sichtbeziehung zur dort angelegten Terrasse und dem Schwimmteich hergestellt. Im Außenbereich entstand parallel zum Hangverlauf ein Sichtbetonbecken mit Pflanz- und Filterzone, von wo das gereinigte Wasser in den Pool fließt. Die neuen Stützwände und Befestigungen fügen sich so unauffällig wie möglich in die Topographie der Landschaft ein.

1 *Wunderbar belichtete Sommerküche mit Dachverglasung und Lärchenholzboden. Die Arbeitsplatte der Küche besteht aus Sichtbeton, die Wände wurden mit Lehm verputzt. Links die offene Feuerstelle mit Sitzbank.*

2 *Blick aus der Sommerküche zur Terrasse*

3 *Hangseitige Wohnterrasse mit großer Verglasung und Blick in den ausgebauten Scheunenteil*

1

2

3

1

2

3

WICHTIGE BAUDATEN

Standort: Mühlviertel/Oberösterreich
Ursprüngliche Erbauungszeit: 17. Jahrhundert
Umbauzeitraum: 2004–2005
Grundstücksgröße: ca. 2000 m²
Wohnfläche: nach Umbau 321 m² gesamt
Energiekonzept: Offener Kamin, passive Nutzung der Sonneneinstrahlung
Gesamtkosten: keine Angaben

1 *Blick über das Wasserbassin mit Sichtbetonmauer zur Terrasse. In der Bildmitte der Zugang zur Sommerküche*

2 *Blick über den neuen Schwimmteich zum Haus*

3 *Die Eingangsseite mit neu gestaltetem, verglastem Dachbereich*

4 *In der ehemaligen »Rauchkuchl«*

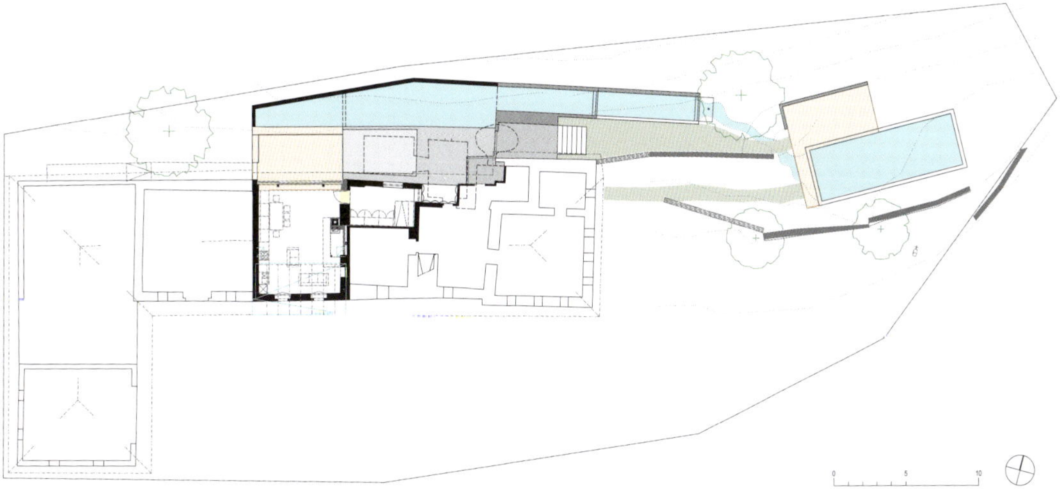

Grundriss

VOM BAUERNHOF ZUM LOFT-HAUS

Sanierung eines früheren Bauernhofs und Ausbau des Wirtschaftsteils

DAS WURDE GEMACHT

- Sanierung und Umbau eines ehemaligen Bauernhofs
- Teilausbau des Wirtschaftsteils zum Wohnen
- Energetische Aufwertung durch Dämmung des Dachbereichs und Einbau von Wandheizungen

In der Region nördlich des Ammersees gelegen, zeigt sich der Bilderbuch-Einfirsthof mit seinem großem Garten heute noch weitgehend in seinem historischen Charakter. Die seit den 1990er-Jahren vorgenommenen Sanierungsschritte richteten sich, obgleich kein Denkmalschutz besteht, alle nach der Prämisse, den Charakter des Gebäudes und seine Wertigkeiten bestmöglich zu bewahren.

Bestandssanierung – Der Zuschnitt der Räume, der bei einem größeren Umbau um 1900 zuletzt wesentlich angepasst worden war, blieb bei der Sanierung erhalten. Im Erd- und Obergeschoss identisch gestaltet, hat man lediglich den Durchgang zwischen Küche und Stube (heute Essbereich) etwas vergrößert. Ein wunderschöner Holzscheitofen sorgt mit seiner großen Glasscheibe für eine warme Stimmung, die jedoch nur zur Ergänzung der im ganzen Haus verlegten Wand- und Fußbodenheizungen dient. Die Schleifen der Wandheizung liegen in Lehmputz, die Wände wurden mit einer hochwertigen weißen Silikatfarbe gestrichen. Als Zentralheizung dient ein Holzpelletkessel, der ebenso wie das Pelletlager in einem abgetrennten Raum der Scheune eingebaut wurde. Im Haus vorhandene Materialien hat man wiederverwendet. So dienen alte Bohlenbretter wieder als Bodenbelag im Essbereich, um neue Exemplare ergänzte Solnhofener Platten liegen in der Küche und im Flur.

Wohnraum erweitern – Die beträchtlichen Raumreserven des Einfirsthofs hat man genutzt, um den Dachboden über dem Wohnteil, den früheren Stall und einen Teil der Scheune in die Wohnnutzung einzubeziehen. Dadurch erreichte man nicht nur einen beträchtlichen Zugewinn an Wohnfläche, sondern vor allem auch an Atmosphäre. Im Erdgeschoss schlug man im letzten Sanierungsschritt einen Teil des früheren Wirtschaftsteils dem neuen großen Wohnzimmer zu, dessen Wände mit grau gestrichenem Holz vertäfelt und mit Tom-Dixon-Leuchten akzentuiert worden sind. Die nun sehr hohen, loftartigen Räume unter dem Dach und vor allem in der ausgebauten Tenne wirken durch ihre Höhe, ihr Volumen und die Qualität der vorgenommenen Einbauten. So erhielt der neue Dachraum über dem historischen Wohnteil eine gemütliche Schlafgalerie, in der Scheune hat man in der gleichen Konstruktionsweise einen verglasten Kubus eingestellt. Dieser bildet nun, über eine ebenfalls in Schwarzstahl gefertigte Treppe angebunden, gleichsam das Bindeglied zwischen dem neu ausgebauten Ober- und dem Dachgeschoss. Das neue Bad im Dachgeschoss ist mit einer alten, farbig verglasten Holztür versehen, der Waschtisch aus Schwarzstahl und Holz aus Wiederverwendung gestaltet.
Das Haus wird auf Anfrage auch für Film- und Fotoshootings vermietet (Kontakt siehe Anhang).

1 *Das Haus von der Gartenseite mit dem Haupteingang*

2 *Giebelansicht mit Bauerngarten*

3 *In einem Teil des ehemaligen Stalls befindet sich heute das Wohnzimmer.*

4 *Stube an historischer Stelle mit Durchblick zur Küche*

1

2

3

4

WICHTIGE BAUDATEN

Standort: westlich von München/Oberbayern
Ursprüngliche Erbauungszeit: um 1858, bauliche Veränderungen u. a. um 1922
Umbauzeitraum: zuletzt 2012–2014
Grundstücksgröße: 1867 m²
Wohnfläche: vor/nach Umbau ca. 150 m²/380 m²
Energiekonzept: Holzpelletheizung mit Fußboden-/Wandheizungen
Heizenergiebedarf/Jahr nach Umbau: ca. 90 kWh/m²a
Gesamtkosten: keine Angaben

1 *Ausgebauter Scheunenbereich mit eingestellter »Schlafkabine«*

2 *Im Schlafbereich*

3 *Das Badezimmer im Dachgeschoss ist mit Altholz, Schwarzstahl und modernen weißen Holzwerkstoff-Einbauten außergewöhnlich schön gestaltet.*

4 *Blick durch die ausgebaute Scheune.*

5 *Auch der Dachraum im historischen Wohnteil ist loftartig offen ausgeführt.*

5

1 Essen
2 Kochen
3 Flur
4 TV
5 Speise
6 WC
7 Wohnen
8 HWR
9 Garage
10 Pellet
11 Heizung
12 Kind
13 Bad Kinder
14 Arbeiten
15 Bad
16 Luftraum
17 Umkleide
18 Schlafen

Erdgeschoss 1. Obergeschoss 2. Obergeschoss

NEUES INNENLEBEN MIT KLAREM DESIGN

Teilumbau eines früheren Bauern- und Gasthofs

DAS WURDE GEMACHT

- Rückbau von Einbauten aus jüngerer Zeit
- Umbau von Stube, Küche und Wohnbereich

Außen

Es muss nicht immer der große Rundumschlag sein. Gerade beim Umbau vorhandener Wohnsubstanz kann es durchaus sinnvoll sein, zunächst nur Teilbereiche eines Anwesens umzugestalten und dann weiterzumachen, wenn die Lebensumstände und die persönlichen Möglichkeiten dies erlauben. Hier hatte die junge Generation einen Hof geerbt, der von den Eltern ab den 1960er-Jahren als kleine Landwirtschaft mit angeschlossenem Gasthof betrieben worden war. Nach dessen Schließung und zahlreichen Adaptierungen infolge Familienzuwachses bot sich nun die Möglichkeit, die betreffenden Räume zum Wohnen umzunutzen.

Alte Einfachheit, neue Formensprache

Die Einbauten der 1960er-Jahre wurden entfernt und die Räume freigestellt. Nach dem Umbau stellt sich die ehemalige Gaststube nun als großzügiger Lebensbereich mit hochwertigen Einbauten und bewusst sparsamer Möblierung dar. Unauffällig geradlinig designte, von den Architekten entworfene Einbauten wie das Wandregal und die filigran strukturierte Heizkörperverkleidung treten durch ihre Konstruktion und die weiße Farbe in den Hintergrund. Klassische Elemente einer Bauernstube wie die Eckbank und der Esstisch sind in der gebührenden Massivität, dabei aber eindeutig in der Form gestaltet. In der Küche wird der wunderschöne blaue Kachelofen von einer puristisch klaren, ebenfalls von den Architekten entworfenen Einbauküche ergänzt und kontrastiert. Geschmackvolle Zementfliesen mit historischen floralen Mustern bilden hier den Bodenbelag, Stube und Wohnraum sind in hergebrachter Manier mit breiten Holzdielen belegt. Beim Umbau wurde der vorhandene Boden samt Unterbau herausgenommen und eine betonierte, gedämmte Bodenplatte eingebracht. Alle Einbauten und Möbel sind, raumweise abgestimmt, aus lasiertem Eichenholz gefertigt.

1 *Neu gestalteter Wohnbereich mit raumbildender historischer Balkendecke und von den Architekten entworfenen Wandeinbauten*

1

Schnitt

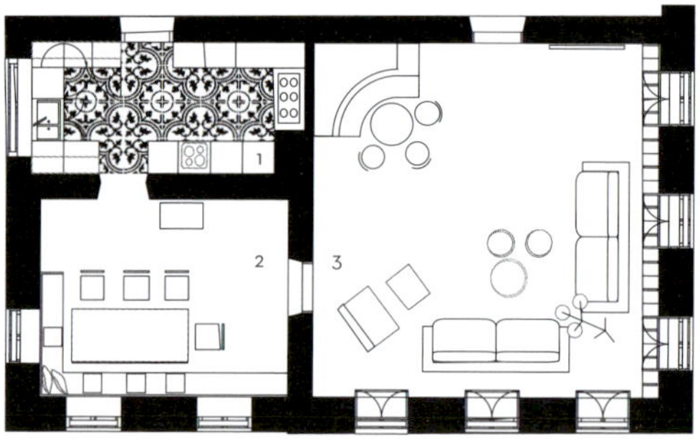

Erdgeschoss

1 Küche
2 Essen
3 Wohnen

1–2 *Die Spanten des Bücherregals interpretieren die lineare Struktur der Balken. Das indirekte Licht inszeniert die Zäsur zwischen Altem und Neuem.*

3 *Küche mit historischem Kachelofen. Leuchtkörper vermitteln gleichsam zwischen der bestehenden Struktur und den neuen Einbauten. Die Beleuchtung ist einerseits funktionales Arbeitslicht und unterstreicht andererseits die Struktur des Tonnengewölbes.*

4 *Der Entwurfsgedanke, ein bereicherndes Wechselspiel von Historischem und Neuem zu schaffen, zeigt sich auch im Essbereich. Eckbank und Herrgottswinkel bilden mit den modernen Lampen ein kontrastierendes Ensemble.*

WICHTIGE BAUDATEN

Standort: Oberösterreich
Umbauzeitraum: 2014–2015 (5 Monate)
Grundstücksgröße: 2595 m²
Wohnfläche umgebauter Bereich: 71 m²
Energiekonzept: Bestand (Ölheizung)
Gesamtkosten: keine Angaben

ALTE STRUKTUREN HERAUSARBEITEN

Umbau eines Bauernhofs mit Zubau

DAS WURDE GEMACHT

- Klärung von Raumstrukturen, Schaffung neuer Zimmer, Rückbau von Einbauten aus jüngerer Zeit
- Einbau eines neuen Wohnteils in die Tenne
- Anbau einer gläsernen Erschließungsachse

Vorher

Neben der Optimierung des Grundrisses im vorhandenen Wohnteil besteht bei ehemals landwirtschaftlich genutzten Anwesen fast immer die Möglichkeit, im nicht mehr genutzten Wirtschaftsteil neue Räumlichkeiten zu schaffen. Unter der Ägide von Moser und Hager Architekten entstand bei diesem Umbauprojekt in Oberösterreich nicht nur ein deutlich besser strukturierter Raumzusammenhang, sondern auch ein neuer Baukörper in der früheren Tenne, der die Strukturen nicht überschreibt, sondern belässt und neu herausarbeitet.

Transparente Erschließungsachse und Wohnraumerweiterung – Zum dreiseitig umschlossenen, begrünten Innenhof, der wie zuvor auch heute durch einen Zaun abgegrenzt wird, öffnet sich der Mittelteil nun mittels eines gläsernen Verbindungsgangs nach draußen. So ergab sich eine neue interne Verbindung zwischen den alten und neuen Bereichen, durch die deren Belichtung und Raumhelligkeit zusätzlich verbessert wurden. Der transparente Charakter dieser Lösung erhält die traditionelle Fassadengestalt und lässt sie nach außen durchscheinen.

Neuer Baukörper mit Sinn für die Tradition
Auch bei der Konstruktion und Verschalung des neuen Baukörpers in der Tenne, die als Holzriegelkonstruktion mit Sturz- und Stulpschalung ausgeführt wurde, hat man sich am Altbewährten orientiert und dabei die vorhandene Tragwerkskonstruktion kreativ genutzt, um Atmosphäre zu stiften. Der Neubau ist nach innen von der Bestandsfassade abgerückt. In diesem Zwischenraum ist das ästhetische Zusammenspiel von alter Tragstruktur und neuer Holzfassade sichtbar. Funktional dient der eingestellte Neubau im Erdgeschoss mit der Speisekammer als Ergänzung der Küche, mit der er nun direkt verbunden ist, sowie als Arbeitsraum; im Bereich des Obergeschosses entstand ein neuer Schlafbereich mit Bad und WC.

Eine Gewölbeküche als Mittelpunkt des Wohnens – Wo früher der Schweinestall war, befindet sich heute eine außergewöhnliche Kochstelle. Im historischen Gewölbe hat man eine moderne Küche untergebracht, für die ein Boden aus farbigen Zementfliesen den perfekten Untergrund bildet.

1 *Die gläsern gehaltene Verbindungsachse fügt sich zurückhaltend in den historischen Bestand ein.*

2 *Die wiederhergestellte historische Fassade*

3 *Der Zwischenraum von Tennenfassade und neuem Baukörper wird als überdachte Veranda genutzt.*

1

2

3

1

2

WICHTIGE BAUDATEN

Standort: Oberösterreich
Ursprüngliche Erbauungszeit: wohl 16. Jahrhundert
Umbauzeitraum: 2015
Wohn- und Nutzfläche: Neubau ca. 150 m²
Raumvolumen (BRI): Neubau ca. 520 m³
Energiekonzept: Sole-Wasser-Wärmepumpe mit Wärmerückgewinnung, Solarthermie
Heizenergiebedarf: 42,7 kWh/m²a
Gesamtkosten: keine Angaben

1 Eingang
2 WC
3 Garderobe
4 Technik
5 Lagerraum
6 Vorraum
7 Küche
8 Esszimmer
9 Gang
10 Terrasse
11 Loggia
12 Arbeiten
13 Speis
14 Windfang
15 Schleuse
16 Tenne Bestand
17 Bad
18 Dachboden Bestand
19 Galerie
20 Gast
21 Wohnzimmer
22 Bibliothek
23 Wandschrank
24 Schlafen

Obergeschoss

Erdgeschoss

1 *Auf dem Balkon ist die feingliedrige Holzkonstruktion der ehemaligen Tenne sichtbar.*

2 *Der hofseitige Zubau ermöglicht einen sanften Übergang von der Fassade zum Garten.*

3 *Die zentrale Positionierung des Küchenblocks unterstreicht die Symmetrie des Bestandsgewölbes.*

4 *Historische Elemente wie dieser Waschtrog wurden von Spezialisten bearbeitet und umsichtig revitalisiert.*

5 *Im Altbestand wurde eine über drei Geschosse reichende Treppe errichtet. Die gewählten Materialien orientieren sich an denjenigen der traditionellen bäuerlichen Architektur.*

6 *Die historische Tragstruktur mit ihrer reizvollen Symmetrie konnte in der neu gestalteten Bibliothek erhalten bleiben.*

3

4

5

6

SCHWARZWALDHOF MIT NEUEM LEBEN

Sanierung mit Fachkenntnis und Fingerspitzengefühl

DAS WURDE GEMACHT

- Sanierung und Umbau eines Schwarzwaldhofs
- Sanierung der Bausubstanz und energetische Optimierung
- Entfernung von Einbauten aus jüngerer Zeit, Anpassung des Grundrisses

Vorher

1 *Blick in den Wohnbereich mit altem, neu aufgebautem Kachelofen*

2 *Split-Level-Struktur im Bauernhaus: Blick vom Wohnbereich in die Stube*

3 *Ansicht des Hauses von der Straße. Heutiger Zustand nach Fertigstellung des erneuerten Schindelschirms*

Die Bauherren hatten seit jeher eine große Leidenschaft für alte Gebäude. Bereits vor einigen Jahrzehnten hatte man ein Bauernhaus in Lothringen saniert, und dies weitestgehend in Eigenregie. Neben der praktischen Erfahrung brachte Margit Ostermann als studierte Innenarchitektin zudem die notwendigen Kenntnisse mit, die für eine Altbausanierung unabdingbar sind. Vor einigen Jahren entschloss man sich, im Hochschwarzwald ein neues »Haus-Abenteuer« in Angriff zu nehmen. Nach langer Suche stieß man letztlich auf den »Naglerhof«, so der alte Hausname. Obwohl der bauliche Zustand keinen Anlass zur Euphorie bot, entwickelte man spontan eine Zuneigung und entschied sich zum Erwerb – nicht zuletzt, weil das Haus im Äußeren und im Inneren weniger verunstaltet worden war als andere infrage kommende Objekte.

Sanierung von Grund auf – Angesichts des heutigen Zustands ist es kaum vorstellbar, dass der im Kern auf das Jahr 1538 zurückgehende Hof zum Zeitpunkt des Kaufs eine Reihe von gravierenden Problemen aufwies. Dringend zu beheben waren insbesondere Schäden an der Holzkonstruktion wie gebrochene Balken, abgefaulte Schwellen, Sparren- und Balkenköpfe, marode Grundmauern und stellenweise Feuchteprobleme. Daher mussten viele Holzteile angestückt oder ausgetauscht, die aus Natursteinen bestehenden Grundmauern in traditioneller Bautechnik saniert und das Eindringen von Feuchtigkeit verhindert werden. Der hangseitige Walm musste komplett erneuert werden. Rundum sowie im gesamten Dachbereich wurde innenseitig mit ökologischen Materialien wie Holzweichfaserplatten gedämmt. Fenster wurden wo möglich saniert und wieder eingebaut, fehlende Verglasungen durch altes Gebrauchtglas ersetzt. Mit Zustimmung der Denkmalpflege wurden im Erdgeschoss jeweils zwei Fenster durch das Zusammenfassen zu sogenannten alemannischen Fensterbändern verbreitert, was eine deutlich bessere Helligkeit in der Stube zur Folge hat. Zur energetischen Optimierung wurden überall Kastenfenster eingebaut. Neue Rahmen und Flügel wurden von regionalen Fachbetrieben in der traditionellen Bauweise gefertigt.

Neues Wohnen unter dem Walmdach

Neben den konstruktiven Schäden war auch der Innenraumeindruck durch Einbauten, die Überdeckung alter Bodenbeläge mit Billigmaterialien und die unsachgemäße Verkleidung von Außenwänden stark in Mitleidenschaft gezogen. All dies wurde entfernt, und so die Qualität der Räume vor allem im Erdgeschoss, wo früher fast ausschließlich gelebt wurde, wieder sichtbar gemacht. Interessant ist hierbei vor allem der heutige Wohnraum, vormals teils den Stallungen zugehörig, der in Split-Level-Manier angelegt ist. Für wohnliche Stimmung sorgt zudem ein grün gekachelter, originalgetreu restaurierter Ofen. Im Obergeschoss und Dachbereich schuf man zusätzliche Zimmer, die genug Raum für die Kinder und Enkel bieten, wenn sie zu Besuch sind.

1

2

3

WICHTIGE BAUDATEN

Standort: Hochschwarzwald
Ursprüngliche Erbauungszeit: im Kern 1538
Umbauzeitraum: 2009-2010
Grundstücksgröße: ca. 1200 m²
Wohnfläche: nach Umbau ca. 450 m²
Bruttorauminhalt (BRI): nach Umbau 3264 m³ (inkl. Wirtschaftsteile)
Energiekonzept: Hackschnitzelheizung
Gesamtkosten: keine Angaben

Eingabeplanung und Bauleitung: Planungsbüro Bruno Kaiser, Herbert Duttlinger, Bernau im Schwarzwald

1–2 *Badezimmer im Obergeschoss*

3 *Schlafzimmer im Obergeschoss*

4 *Zentraler Raum im Erdgeschoss bei der Treppe. Rechts die Türe zum Wohnraum*

5 *Flur mit Treppenaufgang und historischer Blockbohlenwand im Obergeschoss*

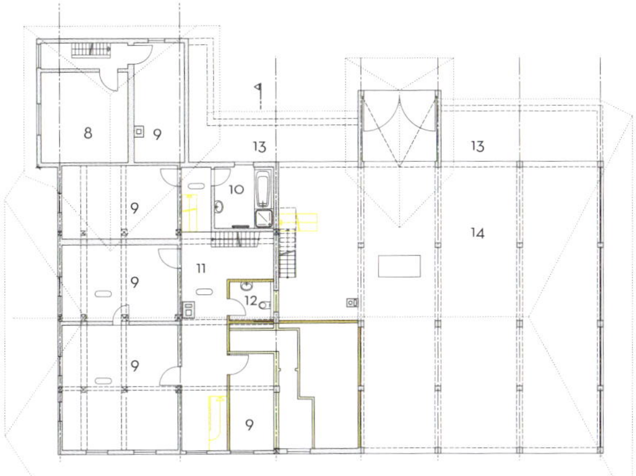

Obergeschoss

1 Eingang
2 Stube
3 Küche
4 Kammer
5 Abstellkammer
6 Ehem. Stall
7 Ehem. Tenne
8 Büro
9 Schlafen
10 Bad
11 Flur
12 WC
13 Luftraum
14 Ohne Nutzung

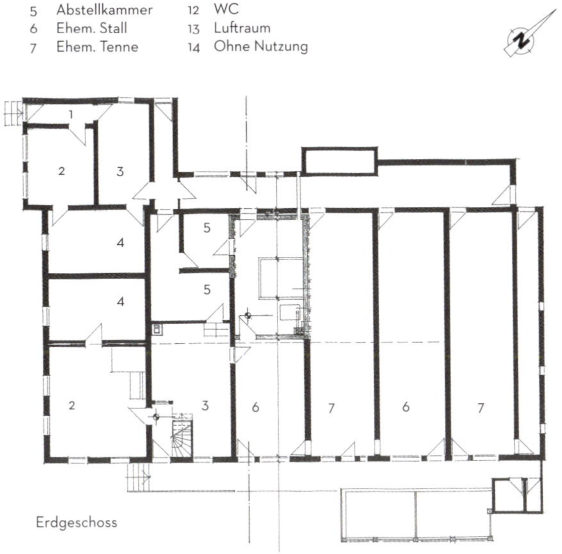

Erdgeschoss

4

5

KLEINBAUERNANWESEN MIT GRANDEZZA

Sanierung und Umbau eines Bauernhauses am Stadtrand von Bern

DAS WURDE GEMACHT

- Sanierung und Umbau eines Bauernhauses
- Teilweiser Ausbau der Heubühneneinfahrt
- Anpassung der Grundrisse

Alte Bauernhäuser in der Region Bern sind zumeist mächtige Erscheinungen mit einem für den üblichen Raumbedarf einer Familie fast schon übertriebenen Raumangebot. Das war im Fall dieses Kleinbauernhauses, das im frühen 19. Jahrhundert auf einer Waldlichtung erbaut worden war, nicht das Problem. Mit seinen vor und nach dem Umbau etwa 250 Quadratmetern Wohnfläche entspricht es den Bedürfnissen der Familie; durch den Umbau erhielt es jedoch durch wenige Eingriffe neue räumliche Qualitäten, die das Wohngefühl entscheidend verbessert haben.

Arbeit mit dem Bestand – Man hatte das Gebäude von den Eltern übernommen, die es bereits einmal in den 1970er-Jahren hatten umbauen lassen. Die meisten der damals getroffenen Maßnahmen, etwa die Miteinbeziehung der früheren Tenne in den heutigen Wohnbereich, behielt man bei. Zur Verbesserung der Energiebilanz wurden Außenwände und Dach neu gedämmt.

Die in den 1970er-Jahren verwirklichte Aufteilung des Erdgeschosses mit einem großen Wohnraum um den Kamin und einem zusammengeschalteten Koch-/Essbereich auf der Giebelseite hat zumindest vorerst Bestand. Gegebenenfalls soll die Küche irgendwann einmal an ihren früheren Ort beim Kamin zurückkehren. Die aus jüngerer Zeit stammende, anthrazitfarbene Einbauküche, die sehr gut zu den neuen Einbauten in Schwarzstahl passt, übernahm man und ergänzte sie um eine Kochinsel. Die Treppe zum Obergeschoss wurde wie andere Treppen im Haus an die aktuellen baurechtlichen Anforderungen angepasst. Der Eichenriemenboden in Küche und Esszimmer wurde, ebenso wie die intakten Riemenböden in den übrigen Geschossen, abgeschliffen, wo nötig mit Altholz ergänzt und geseift; der historische Tonplattenboden im Wohnzimmer wurde von seiner Versiegelung befreit. Auch ansonsten wurden alle historischen Böden von neuzeitlichen Versiegelungen befreit, im Dachgeschoss ersetzte man den maroden Tannenriemenboden durch Altholz, das geschliffen und geseift wurde.

Mehr Licht, mehr Durchgängigkeit – Die heute um den zentralen Kamin geführte interne Gebäudeerschließung wurde aufgewertet und zur besseren Verteilung des Tageslichts sowie zur Optimierung der visuellen Durchgängigkeit genutzt. Um den Kamin wurde Luftraum geschaffen, die um das »Atrium« gruppierten Zimmer wurden nach innen verglast und sogar die Holzriemen des Dachgeschossbodens teilweise durch Glas ersetzt. Durch all diese Maßnahmen verteilt sich das Licht besser im Haus und die Raumbeziehungen wirken großzügiger. Nicht zuletzt gelang es durch die zusätzlichen Glasflächen, die Sichtbeziehungen zur Tenne und Heubühne mit dem nach wie vor dort für die Pferde eingelagerten Heu neu zu inszenieren.

1 *Wohnbereich im Erdgeschoss*

2 *Ansicht der südlichen Giebelfassade*

3 *Esszimmer mit Küche*

1

2

3

1 *Bad im Dachgeschoss mit Durchblick zur Heubühne*

2 *Schlafzimmer im Dachgeschoss*

1

2

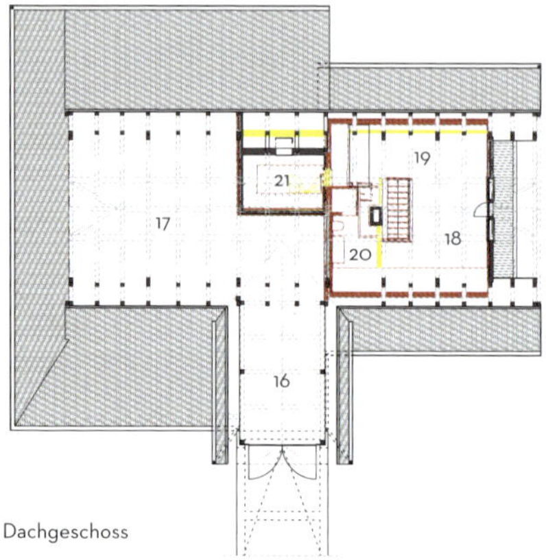

Dachgeschoss

16 Tenne
17 Heuboden
18 Zimmer
19 Vorplatz
20 Bad
21 Ankleide

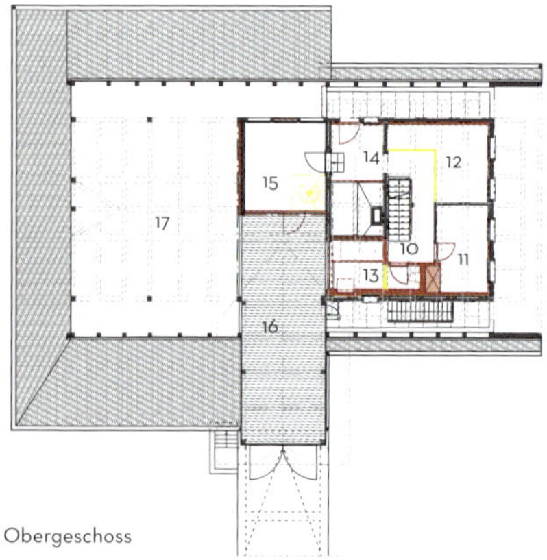

Obergeschoss

10 Gang
11 Schlafzimmer
12 Schlafzimmer/ Arbeitszimmer
13 Badezimmer
14 Vorplatz
15 Arbeitszimmer/ Schlafzimmer
16 Tenne
17 Heuboden

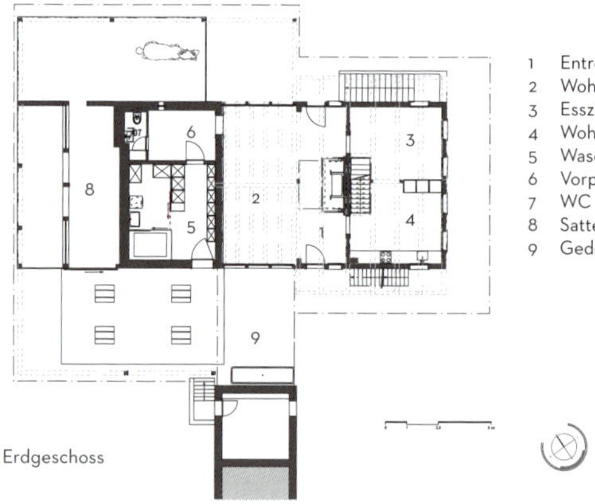

Erdgeschoss

1 Entrée
2 Wohnen
3 Esszimmer
4 Wohnküche
5 Waschen/Heizung
6 Vorplatz
7 WC
8 Sattelkammer
9 Gedeckter Vorplatz

WICHTIGE BAUDATEN

Standort: Bern
Ursprüngliche Erbauungszeit: Anfang des 19. Jahrhunderts
Umbauzeitraum: 2016–2017 (5 Monate)
Grundstücksgröße: ca. 45.000 m²
Wohnfläche: vor/nach Umbau ca. 250 m²
Bruttorauminhalt (BRI): vor/nach Umbau ca. 1400 m³
Energiekonzept: Erdsonden-Wämepumpe
Gesamtkosten: keine Angaben

3 *Heubühneneinfahrt mit Blick in das Büro und das Badezimmer im Obergeschoss*

4 *Blick von der Galerie im Obergeschoss in das Bad, das in die Heubühne eingebaute Büro und hinunter in den Wohnraum*

5 *Offenes Zimmer im Obergeschoss*

GLÜCKLICHES MITEINANDER

Altes Bauernhaus mit neuer Note

DAS WURDE GEMACHT

- Sanierung und Umbau eines Bauernhofs zu fünf Einheiten
- Erweiterung und moderne Fassadengestaltung des Treppenhauses
- Sanierung der Bausubstanz und energetische Optimierung
- Entfernung von Einbauten aus jüngerer Zeit, Anpassung des Grundrisses

Der seit vielen Generationen im Familienbesitz befindliche Bauernhof im Bayerischen Wald bedurfte einer Neugestaltung. Es sollten Wohnräume für die junge Generation und die Eltern, ein Büro sowie zwei Ferienwohnungen entstehen. Die Wünsche der Bauherren wurden dabei vom Architekten Bernd Vordermeier präzise umgesetzt. Die traditionelle Gestalt sollte im Inneren wie im Äußeren erhalten beziehungsweise wieder herausgearbeitet werden, Neuerungen und Einbauten wünschte man sich klar und bodenständig zugleich. Und nicht zuletzt sollte das Holz aus dem eigenen Wald eine tragende Rolle spielen – durchaus auch im Wortsinne.

Neues deutlich herzeigen, alte Wertigkeiten hervorholen – Da für die Schaffung von fünf getrennten Einheiten eine sinnvolle Erschließung unabdingbar war, erweiterte man das Treppenhaus zur nördlichen Eingangsseite. Die Fassade wurde entsprechend modern gestaltet und mit drei stehenden, versetzt angeordneten Öffnungen für Eingangstüre und Fenster auf den drei Geschossen akzentuiert. Die Giebelseite des Wohnteils wurde in ihrer ursprünglichen Aufteilung wiederhergestellt, alle Wände innen wie außen mit Kalkputz und Kalkfarbe endbehandelt. Schadhafte Teile der Konstruktion wurden mit Holz aus dem eigenen Wald repariert. Das Dach ist mit Holzfaser gedämmt, der Bodenaufbau besteht komplett aus natürlichen Materialien. Das Ergebnis ist ein für das Gebäude wie auch für Bewohner und Gäste sehr zuträgliches Raumklima. Marode Balkendecken ersetzte man durch Ziegeleinhangdecken, die eine verbesserte Schallisolierung mit sich bringen.

Tradition und Moderne – Im Inneren ging es einerseits darum, die in jüngerer Zeit arg verbauten Raumzusammenhänge wieder zu klären und mit hochwertigen, aber bodenständigen Elementen auszustatten. Einbauten aus Fichtenholz schaffen neue Bereiche zur Lagerung oder dienen, als eingestellte Boxen, als Bad und Toilette. Die wichtigen Räume für Wohnen, Essen und Kochen gestaltete man großzügig und offen, ebenso wie den unter dem Dach geschaffenen Wohnbereich. Die unbehandelten Holzoberflächen prägen die Innenräume wohltuend, ohne sie zu dominieren. Die Fichtendielen wurden von den Bauherren selbst gefertigt und verlegt. Die Ausstattung mit modernen und alten Möbelstücken setzt Akzente, stellt die Räume aber nicht voll.

1 *Offener Wohn- und Essbereich der Ferienwohnung*

2 *Der lichtdurchflutete Treppenturm erschließt die separaten Einheiten.*

3 *Im Fassadenbild zeigt sich die gelungene Kombination von traditioneller Baukultur und moderner Gestaltung.*

1

2

3

1 Schlafbereich der Ferienwohnung im Erdgeschoss

2 Im Bad wurden traditionelle und zeitlose Materialien wie Holz und Beton kombiniert.

3–4 Der großzügige Wohn- und Kochbereich im Dachgeschoss

5–6 Wohn- und Eingangsbereich des zweiten Appartements im Obergeschoss

7 Der Eingangsbereich mit Terrasse aus Tannenholz und Treppe aus rohem Stahl

WICHTIGE BAUDATEN

Standort: bei Grafenau/Bayerischer Wald (Niederbayern)
Ursprüngliche Erbauungszeit: um 1840
Umbauzeitraum: 2014–2017
Grundstücksgröße: 4155 m²
Wohnfläche: nach Umbau 438 m²
Bruttorauminhalt (BRI): nach Umbau 1695 m³
Energiekonzept: Scheitholzheizung mit Hüllflächentemperierung
Heizenergiebedarf/Jahr nach Umbau: 34,4 kWh/m²a
Gesamtkosten: keine Angaben

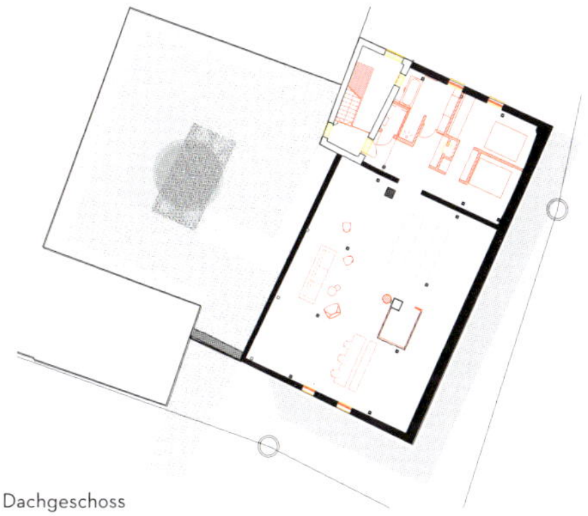

Dachgeschoss

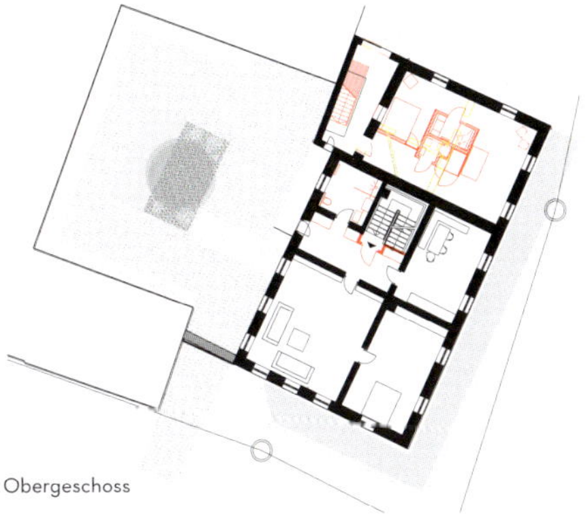

Obergeschoss

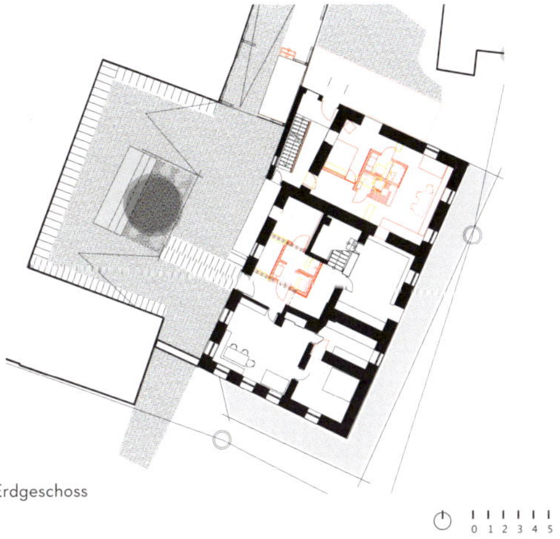

Erdgeschoss

WIEDERERWECKUNG MIT HINDERNISSEN

Sanierung und Umbau eines niederdeutschen Reetdachhauses

DAS WURDE GEMACHT

- Bautechnische und energetische Sanierung
- Rückbau unsachgemäßer Einbauten
- Neuordnung des Grundrisses, Einbau neuer Innenwände

Mancher Altbau macht beim Erwerb zunächst einen passablen Eindruck, offenbart bei näherer Betrachtung aber doch einige Schwächen. Als Architekt Christof Welke das nördlich von Hamburg gelegene, neu erworbene Reetdachhaus seines Schwagers und dessen Frau von 1771 näher in Augenschein nahm, fand er so viele Schwachstellen, dass man sich statt zu einer behutsamen und punktuellen Renovierung zu einer umfassenden, dabei jedoch streng denkmalgerechten Sanierung entschloss.

Von Grund auf saniert – Zu den wichtigsten Maßnahmen gehörten die Verstärkung und teilweise Erneuerung des Fundaments und der maroden Fußschwellen aus Eiche sowie das Auskoffern des Bodens und der Einbau einer gedämmten Bodenplatte. Auch der Dachstuhl musste umfassend verstärkt, teils auch erneuert werden. Die Reetdeckung hingegen war überwiegend noch intakt und regendicht, so dass es genügte, sie an einigen Stellen zu ergänzen. Alle Wände mussten innenseitig bauphysikalisch korrekt mit einem diffusionsoffenen Aufbau aus Lehm und einer dämmenden Holzweichfaserplatte energetisch ertüchtigt, teils auch ganz erneuert werden. Im ganzen Haus wurden neue Holzsprossenfenster in denkmalgerechter Konstruktionsweise eingebaut.

Den Muff entfernen – Im Inneren dominierten einerseits die Raumwirkung verunklarende, verschachtelte Zimmer und andererseits der typische Wohnstil der 1960er-Jahre mit vielen dunklen Holzoberflächen. Die Neuordnung des Grundrisses sorgte hier für Licht und wohnliche Gemütlichkeit. Für die Zukunft haben sich die Bauherren noch vorgenommen, die in den 1980er-Jahren angebrachte äußere Klinkerschale durch historisch passendes und stimmigeres Sichtziegelmauerwerk mit entsprechendem Fugenbild zu ersetzen. Dann wird das Haus vollends perfekt sein.

1 *Wohnbereich mit Essecke im Erdgeschoss*

2 *Außenansicht vom Garten. Im Giebel die ehemalige Einfahrt*

3 *Ansicht mit dem historischen Wohnteil*

1

2

3

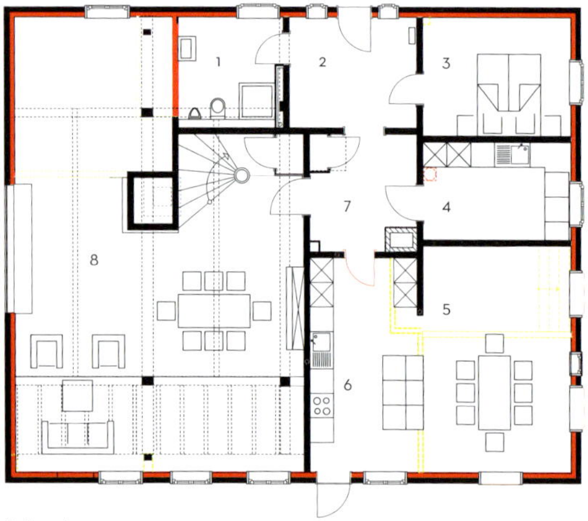

Erdgeschoss

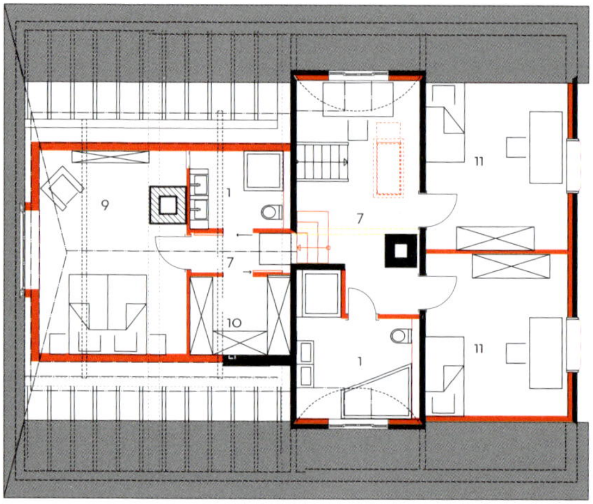

Obergeschoss

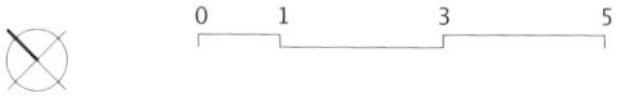

1 Bad
2 Diele
3 Gast
4 HWR
5 Essen
6 Küche
7 Flur
8 Wohnen
9 Schlafen
10 Ankleide
11 Kind

1 *Neu gestaltete Küche mit Essplatz*

2–3 *Wohnraumsituationen mit alten Stützen und neuem Holzscheitofen*

WICHTIGE BAUDATEN

Standort: Bargteheide (Schleswig-Holstein)
Ursprüngliche Erbauungszeit: 1771
Umbauzeitraum: 2011
Grundstücksgröße: 1552 m²
Wohnfläche: vor/nach Umbau
ca. 180 m² /220 m²
Bruttorauminhalt (BRI): vor/nach Umbau
ca. 960 m³
Energiekonzept: Gasbrennwerttherme
Gesamtkosten brutto: ca. 330.000 Euro
(bei Rückbau in Eigenleistung)

2

3

ANHANG

Hinweis zu den Kosten: Die in den Projektkapiteln unter der Rubrik WICHTIGE BAUDATEN genannten Kosten verstehen sich als Gesamtkosten brutto, inklusive Nebenkosten und Steuern. Die Angaben beziehen sich selbstverständlich auf den konkreten Einzelfall und den genannten Umbauzeitraum. Nicht enthalten sind Grundstückskosten und Gartenanlage. Wenn Kosten nicht genannt sind, erfolgt dies zur Wahrung der Privatsphäre der Bauherren und sagt nichts darüber aus, wie hoch die Kosten waren. Für weitergehende fachliche Informationen ist eine direkte Kontaktaufnahme mit dem jeweiligen Architekten zu empfehlen.

Der Autor steht für Leseranfragen gerne zur Verfügung:

Thomas Drexel
Autor und Architekturfotograf
Am Fladerlach 7
86316 Friedberg
Tel./Fax 0821 / 6070874
thomas-drexel@gmx.de
www.thomas-drexel.com

ADRESSEN DER ARCHITEKTEN & PLANER

Ahlbrecht Baukunst/Frank Ahlbrecht Architekt BDA, DAI
Von-Schirp-Straße 1
45239 Essen
Telefon 0201-771059
www.ahlbrechtbaukunst.de

Berschneider + Berschneider GmbH Architekten BDA Innenarchitekten
Hauptstraße 12
92367 Pilsach
Telefon 09181-477416
www.berschneider.com

Bialucha Architektur
Gundolfstraße 31
65285 Darmstadt
Telefon 06151-2766460
www.bialucha-architektur.de

Architektin Britta Bollinger
Lindenstraße 5/1
72475 Bitz
Telefon 07431-81680
bollinger@arch-bo.de

Blasch Architekten
Weitoldstraße 7a
93047 Regensburg
Telefon 0941-595800
www.blasch-architekten.de

Architekt Peter Brinkmann
Römerweg 45
73642 Welzheim
Telefon 07182-3351
www.brinkmann-architektur.de

Architekt Alfons Bürk
Königinstraße 66
78628 Rottweil
Telefon 0741-13198
architekt-buerk@kabelbw.de

Architekturbüro Stephan Dreier
Bergstraße 16
65611 Niederbrechen
Telefon 06438-834980
www.dreier-denkmalpflege.de

Fthenakis Ropee Architektenkooperative
Müllerstraße 43
80469 München
Telefon 089-37417580
www.fthenakisropee.de

Architekturbüro Ralf Grotz
Friedrich-Fischer-Straße 17
85435 Erding
Telefon 08122-93041
www.grotz-architekturbuero.de

Architekturbüro Hans-Peter Gartner
Simon-Höller-Straße 19
94315 Straubing
Telefon 09421-569221
www.gartner-architekt.de

gerstmeir inić architekten BDA Partnerschaft mbH
Zeppelinstraße 59
81660 München
Telefon 089-189083637
www.gi-a.de

Gondesen + Wenzig Architekten BDA
Steinbrecherstraße 31A
38102 Braunschweig
Telefon 0531-2873478
www.gondesen-wenzig.de

Hammerschmid Pachl Seebacher Architekten/HPSA ZT GmbH
Marktstraße 19
4201 Gramastetten (Österreich)
Rainbergstraße 3c
5020 Salzburg (Österreich)
Birkenweg 151/1
8971 Schladming (Österreich)
Telefon +43-(0)650-3170681
www.hpsa.at

Martin Hirner/Hirner und Riehl Architekten und Stadtplaner BDA partGmbB
Herzog-Heinrich-Straße 20
80336 München
Telefon 089-218984430
www.hirnerundriehl.de

HENRICH Architektur/ Mathias Henrich
Bahnhofstraße 6
67346 Speyer
Telefon 06232-73000
www.henrich-architektur.de

Architekt BDA Theis Janssen
Eduard-Grunow-Straße 8
28203 Bremen
Telefon 0421-2227250
www.theisjannsen.de

Ronald Kirsch Architekt | BDA | Stadtplaner/PLANGRAD° GmbH
Breitenweg 29-33/Eingang C
28195 Bremen
Telefon 0421-56643573
www.plangrad.com

Klainguti + Rainalter SA architects
Islas 244
7534 Zuoz (Schweiz)
Telefon +41-(0)81-8512131
www.klainguti-rainalter.ch

Ladleif Architekten BDA/Meinrad Ladleif
Harzweg 1
34134 Kassel
Telefon 0561-31690440
www.ladleif-architekten.de

Stephan Maria Lang Architektengesellschaft mbH
Winterstraße 4 Rgb.
81543 München
Telefon 089-661080
www.stephanmarialang.de

Architekt Matthias Mecklenburg
Waterloostraße 19
22769 Hamburg
Telefon 040-43182602
www.architektmecklenburg.de

atelier Meinhart/ Architekt Siegfried Meinhart
Waldbach 5
4816 Baumgarten-Gschwandt (Österreich)
Telefon +43-(0)7612-20940
und Klammstraße 1
4020 Linz (Österreich)
Telefon +43-(0)732-7740420
www.atelier-meinhart.at
www.bauwerk-meinhart.at

mm architekten, Martin A. Müller BDA
Bödekerstraße 49
30161 Hannover
Telefon 0511-16933860
www.mm-architekten.de

Architektur Buero Philipp Möller
Kochelseestraße 10
81371 München
Telefon 089-244076700
www.bueropm.com

Moser und Hager Architekten ZT GmbH
Fadingerstraße 11
4020 Linz
Österreich
Telefon +43-(0)732-781259
www.moserundhager.at

Nagy Architektur/ Architektin Maria Nagy
Werderstraße 5
50672 Köln
Telefon 0221-331692
www.nagy-architektur.de

Architektin Margit Ostermann
margit.ostermann@googlemail.com

PitLibermann Architektur Großmann Liberato Pittroff GbR
Jakob Pittroff
Raiffeisenstraße 18
86356 Neusäß
Telefon 0821-467964
www.pitlibermann.com

Architekt Gian-Reto Rainalter und Designerin Aita Bott
Islas 244
7534 Zuoz (Schweiz)
Telefon +41-(0)81-8512131
www.klainguti-rainalter.ch

RaumObjekt Hammermeister
Graf-von-Galen-Straße 100a
52525 Heinsberg
Telefon 02452-66647
www.raumobjekt.de

Schmöller Architekten
Reitmorstraße 8
80538 München
Telefon 089-45207400
www.schmoellerarchitekten.de

umbra Architektur
Merzenacker 81A
3006 Bern (Schweiz)
Telefon +41-(0)31-9441002
www.umbra.ch

Studio für Architektur Bernd Vordermeier
Au 1
94496 Ortenburg
Telefon 08542-8987901
www.studio.berndvordermeier.com

Landschaftsarchitekt Richard Weidmüller
Wöhrdstraße 7
93059 Regensburg
Telefon 0941-54987
weidmueller@r-kom.net

Welke Architekten BDA/Sophie Welke
Baisiepen 10
42859 Remscheid
Telefon 02191-6961486
www.welke-architekten.de

Architekturbüro Klaus Zeller GmbH
Bismarckstraße 60
50672 Köln
Telefon 0221-3371688
www.klauszeller.de

Weitere Adressen

Seite 184–187
Loft-Bauernhaus
82272 Moorenweis
www.kesari.de
info@kesari.de

LITERATURHINWEISE

Werner Blaser, Das Bauernhaus der Schweiz, Basel/Stuttgart 1983

Bayerisches Staatsministerium für Ernährung, Landwirtschaft und Forsten und Bayerischer Landesverein für Heimatpflege (Hg.), Bauernhäuser in Bayern, 8 Bände, München 1994–1999

Thomas Drexel, Alte Bauernhäuser neu erleben, Umbauen, sanieren, einrichten, München 2014

Thomas Drexel, Kleine Häuser unter 100 m^2, München 2016

Thomas Drexel, Low Budget, Moderne Einfamilienhäuser unter 250.000 Euro, München 2015

Thomas Drexel, Reihen- und Doppelhäuser modernisieren, umbauen und erweitern, München 2017

Torsten Gebhard, Alte Bauernhäuser, Von den Halligen bis zu den Alpen, München 1977

Manfred Gerner, Fachwerk, Instandsetzung, Sanierung, Neubau, München 2007

Ulrich Grossmann, Der Fachwerkbau in Deutschland, Das historische Fachwerkhaus, seine Entstehung, Farbgebung, Nutzung und Restaurierung, Köln 2004

Achim Linhardt, Das Umbau-Buch, München 2016

Ulrich Reitmayer, Holzfenster, Stuttgart 1980

Ulrich Reitmayer, Holztüren und Holztore, Stuttgart 1997
Christian Sotrifter, Alte Bauformen in den Alpen, Wien 1983

BILDNACHWEIS

Fotografien
Andreas Bormann: S. 30–33
Berschneider + Berschneider: S. 100–103
Thomas Drexel: S. 10–24, 27–29, 35–42, 44–47, 53–63, 69–75, 89–99, 105–115, 121–159, 165–179, 184–187, 197 oben und unten links, 198–203, 209–211
Ute Frömgen: S. 97 unten rechts
Hans-Peter Gartner: S. 116–119
Ralf Grotz: S. 43 alle
Dietmar Hammerschmid: S. 48–51 und 160–163
Olaf Mahlstedt: S. 77 unten links und rechts, 78–79
Matthias Mecklenburg: S. 65–67
Siegfried Meinhart: S. 180–183
Anna Moser: S. 188–195
Verena Oesterlein: S. 77 oben
Jakob Pittroff: S. 85–87
Andrea Vordermeier: S. 205–207
Susann Weiland/Rolf Berninger: S. 25 beide

Die in den Projektkapiteln enthaltenen Vorzustandsfotos stammen von den jeweils genannten Architekturbüros.

Pläne
Die in den Projektkapiteln enthaltenen Pläne stammen von den jeweils genannten Architekten.

DANK

Der herzliche Dank des Autors gilt allen Eigentümern, Architekten und Planern der vorgestellten Häuser, deren Mitarbeitsbereitschaft und teils auch ganz praktische Gastfreundschaft das Gelingen des Buches erst möglich gemacht haben.
Für das umsichtige Projektmanagement und Lektorat war Andrea Bartelt-Gering verantwortlich, Susanne Hermann für das grafische Konzept. Anna Jansen erstellte das Layout.

IMPRESSUM

Sollte diese Publikation Links auf Webseiten Dritter enthalten, so übernehmen wir für deren Inhalte keine Haftung, da wir uns diese nicht zu eigen machen, sondern lediglich auf deren Stand zum Zeitpunkt der Erstveröffentlichung verweisen.

MIX
Papier aus verantwortungsvollen Quellen
FSC® C112556

Verlagsgruppe Random House FSC® N001967

Für dieses Buch wurde das FSC®-zertifizierte Papier *Primaset* verwendet.

1. Auflage

Neumarkter Straße 28
81673 München

Umschlaggestaltung: Atelier Schug, München, unter Verwendung von Fotos von Thomas Drexel (Vorderseite, Rückseite Mitte und rechts) und Verena Oesterlein (Rückseite links)
Graphische Gestaltung und Herstellung: Susanne Hermann/DVA
Satz und Projektbetreuung: Anna Jansen, Büro 18, Friedberg (Bay.)
Lithografie: Helio Repro, München
Gesamtherstellung: DZS, Slowenien

Printed in Slovenia

ISBN 978-3-421-04015-2
www.dva.de